Klaus Vogt

Wenn ihr in das Land kommt

Kleine Geschichte Israels

KBW Verlag Stuttgart

Stuttgarter Kleiner Kommentar

— Altes Testament 24 —

Herausgegeben von
Gabriele Miller und Franz Josef Stendebach

ISBN 3-460-05241-4
Mit kirchlicher Druckerlaubnis

Karten: Fritz Unger
Lektorat: Martha Buck
Gesamtherstellung: Feindruck Franz Pistotnik, 7016 Gerlingen

Inhalt

Alte und junge Texte im gleichen Buch

Wer eine „Geschichte Israels" schreibt, muß sich mit Unterschieden in den biblischen Aussagen herumschlagen wie:

> Gottes Befehl an Noach (= Noe) vor dem Einzug in die Arche: „Von allen reinen Tieren nimm je sieben Männchen und Weibchen zu dir; von den unreinen zwei, ein Männchen und ein Weibchen; auch von den Vögeln des Himmels je sieben Männchen und Weibchen!" (Gen 7,2—3)
>
> Später aber ist von „sieben Paaren" nicht mehr die Rede: „Von den reinen und unreinen Tieren, von den Vögeln und von allem, was auf der Erde kriecht, kamen je zwei zu Noach in die Arche, ein Männchen und ein Weibchen, wie es Gott dem Noach aufgetragen hatte". (Gen 7,8—9)

Man kann nicht so tun, als gäbe es solche Unterschiede nicht. Sie ehrlich zuzugeben, bedeutet keine „Verunsicherung" des Glaubens an die Bibel. Es ist vielmehr der erste Schritt zu einer neuen Sicherheit, wenn man sich klar macht: Das Alte Testament bietet Bausteine aus verschiedenen Zeiten. Oft stehen sie nebeneinander, obwohl sie aus verschiedenem Material sind.

Man darf sich nicht vorstellen, die Texte eines biblischen Buches seien fast gleichzeitig niedergeschrieben worden. Manche biblische Bücher entstanden so, daß der letzte Verfasser sehr alte Texte neben Texte aus seiner eigenen Zeit stellte. Das wäre etwa so, wie wenn ein heutiger Verfasser moderne Texte und Texte aus dem Mittelalter in eine einzige Erzählung aufnehmen würde. Seine mittelalterlichen Textstücke wären dann von Autoren geschrieben, die weder von Reformation, noch von Französischer Revolution, noch von moderner Naturwissenschaft und Technik etwas wüßten, also auch nichts von Atombombe, Fernsehen und Mondfahrt.

Die älteren Bibeltexte sind nicht „veraltet", die jüngeren nicht „unreif". Beide stehen ja im Alten Testament und gelten für uns als Gottes Wort. Aber Gott hat sich nicht am Schreibtisch ein abstraktes Schema entworfen, sondern er ließ sich ganz konkret auf die Menschen ein. Das waren Menschen verschiedener Zeiten und Kulturstufen, zum Beispiel Halbnomaden, Bauern, Könige oder Dichter. Durch sie sprach Gott zu uns — nicht über sie hinweg. Wenn man das ernst nimmt, kommt man nicht auf die Idee, die verschiedenartigen Bibeltexte sollten sich gegenseitig nur „ergänzen".

Solche verschiedenen Bibeltexte konnten auch deshalb nebeneinander gestellt werden, weil es den Verfassern gar nicht auf genaue Ereignisschilderung ankam. So wollten die Erzähler der Sintflutberichte keine Protokolle liefern, sondern etwas anderes sagen: Sie wollten darstellen, daß Gott nicht *nur* für die Menschen, sondern für die ganze Schöpfung sorgt. Sie wollten zeigen, daß Gott die Menschen nicht ohne Tiere auf einer gereinigten Erde leben lassen wollte und ähnliches. Das sagten sie in der Denkweise ihrer eigenen Zeit. Derjenige Bibeltext, der die Sonderstellung der reinen Tiere hervorhebt, ist jünger als der andere. Er stammt von einem Verfasser, der dem Kult eng verbunden war.

Wenn man das Grundanliegen begreift, stört es einen nicht mehr, wie es ausgedrückt wurde und daß alte und junge Texte nebeneinanderstehen.

Auch viele andere Probleme fallen dann weg: Man muß beispielsweise nicht wider alle Vernunft wörtlich nehmen, daß „alle" Tiere der Welt in die Arche gekommen seien. Ja, man könnte sich sogar damit abfinden, daß die Sintflutberichte gar kein historisches Ereignis schildern.

Die biblischen Verfasser versuchten, damals umlaufende Erzählungen „umzufunktionieren" und sprachen im Gegensatz zur Umwelt nicht von vielen Göttern, sondern von einem einzigen Gott.

Auch der Anfang des Alten Testaments und der Bibel, der Schöpfungsbericht, ist kein Protokoll, niedergeschrieben von einem Augenzeugen. Der Verfasser wollte nicht einen Bericht über die Vergangenheit geben, sondern eine religiöse Aussage machen: Alles, was um uns ist, geht auf Gott zurück. Das war sein wichtigstes Anliegen. Dieser Schöpfungsbericht ist keineswegs der älteste Text der Bibel — andere Bibeltexte sind mehr als ein halbes Jahrtausend älter.

Am Anfang der *Bibel* steht diese Erzählung vom Entstehen der Welt. Aber am Anfang *Israels* konnte sie noch nicht so gedacht und niedergeschrieben werden. Daher kann eine „Geschichte Israels" nicht mit ihr beginnen. Eigentlich fängt sie erst mit der Volkwerdung nach dem Auszug aus Ägypten an. Doch aus vielerlei Gründen wollen wir früher einsetzen.

Abraham wanderte in einem strategisch wichtigen Gebiet

Heute bezeichnet man Abraham meist als „Halbnomaden“. Ein solcher „Halbnomade“ reiste nicht, um Urlaub zu machen, Geschäfte abzuschließen oder seinen Gesichtskreis zu erweitern. Vielmehr wanderte er im Zug des „Weidewechsels“: Wenn sein Hauptreichtum, das Vieh, vor allem seine Ziegen und Schafe, ein Gebiet abgeweidet hatten, zog er weiter. Israels Patriarchen, zum Beispiel Abraham, waren keine „reinen“ Nomaden mehr, denn sie bauten auch Feldfrüchte an. Aber das geschah fast nur „nebenbei“, die Hauptsache blieb das Kleinvieh.

Solche Halbnomaden darf man nicht mit den Beduinen (Kamelnomaden) gleichsetzen, obwohl beide viele Züge gemeinsam haben. Kamelnomaden können durch große Wüstengebiete von Oase zu Oase ziehen — Kamele halten das aus. Doch Kleinviehnomaden konnten das ihrem Vieh nicht zumuten. Sie wanderten daher vorwiegend nicht in der Wüste, sondern in den Steppengebieten am Rand des bewohnten Kulturlandes. Hier fand ihr Vieh genügend wildwachsende Pflanzen zum Abweiden — abgesehen von Trockenperioden.

Abraham wanderte am Rand von „Kanaan“. Einen Teil dieses Gebietes bezeichnete man später als „Palästina“. Aber „Kanaan“ war mehr als das heutige „Palästina“, nämlich ein Gebiet, das heute zu den Staaten Israel, Libanon, Jordanien (Westteil) und Syrien gehört.

Wirklich fruchtbar waren fast nur die Küstenebenen. Sie bildeten zusammen mit dem fruchtbaren Niltal und den Tälern des Eufrat und Tigris einen Gürtel fruchtbaren Landes, den „fruchtbaren Halbmond“.

Nicht nur die fruchtbaren Küstenebenen, sondern auch die zahlreichen Anhöhen waren für Städtegründer attraktiv, da man sie leicht militärisch befestigen konnte. Verschiedene Völker hatten Stadtstaaten errichtet. Solche Staaten waren zum Beispiel Jerusalem, Sidon, Tyrus, Beirut, Bet-El (= Lus), Hebron. Die Grenzen dieser Stadtstaaten wechselten häufig und können meist nicht mehr genau rekonstruiert werden.

Einige solcher Stadtstaaten beherrschten die Häfen. Von dort aus trieb man einen lebhaften Handel, beispielsweise mit Griechenland. In diesen Staaten war man auch kulturell schöpferisch. Wahrscheinlich entstand hier unsere alphabetische Schrift.

Militärisch war Kanaan sehr wichtig: Im Norden beziehungsweise Nordwesten, Osten und Süden lagen damals bedeutende Großmächte. Ihre Militärs und Politiker schauten eifersüchtig auf dieses Gebiet. Denn Kämpfe zwischen diesen Mächten mußten sich auch dort abspielen.
Von all dem merkten die Halbnomaden am Rand des Kulturgebiets, also auch Abraham, nur sehr wenig.
Über die damaligen Verhältnisse in diesem Gebiet wissen wir heute durch einen Zufall Bescheid: Ein ägyptischer Herrscher, Amenophis IV. (14. Jahrh. v. Chr.), versuchte, eine religiöse Reform durchzuführen. Er nannte sich Echnaton und verlegte seine Residenz nach El Amarna. Diese Stadt lag ungefähr in der Mitte des ägyptischen Kulturlandes am Nil; hier war er sowohl von ober- als auch von unterägyptischen Gruppen recht unabhängig. Nach seinem Tod scheiterte sein Reformversuch; die neue Residenz wurde aufgegeben. Im Jahre 1887 entdeckten dort einige Beduinen zufällig das Archiv dieses Königs und seines Vaters; man fand über dreihundert Briefe. Sie schildern die etwas verworrenen Verhältnisse zur „Amarna-Zeit" (14. Jahrh. v. Chr.): Keine Großmacht war stark genug, um in Kanaan bedeutenden Einfluß auszuüben. Die kanaanäischen Stadtstaaten bekämpften einander, intrigierten gegeneinander, versuchten, gegeneinander politische Kontakte mit Ägypten anzuknüpfen und wehrten sich gegen eindringende Volksgruppen. Zwar endet das Archiv von El Amarna mit dem Tod des betreffenden Herrschers. Aber man darf annehmen, daß diese verworrenen Verhältnisse noch einige Zeit über seinen Tod hinaus anhielten.
In dieser „unruhigen" Gegend wanderte Abraham als „Fremdling", unbeeinflußt von der „großen Politik" dieser Stadtstaaten oder gar der umliegenden Großmächte.

Die Grossmächte

Die damalige Großmacht im Süden oder Südwesten war *Ägypten,* ein uraltes Staats- und Kulturgebiet. Seine Geschichte hatte bereits mehrere Jahrtausende vor Abrahams Zeit begonnen und konnte zahlreiche kulturelle Errungenschaften vorweisen. Die „Weisheit der Ägypter" war berühmt, die Pyramiden von Gizeh waren lange vor Abraham errichtet worden; in Ägypten hatte man die Hieroglyphenschrift erfunden. Freilich war das ägyptische Kulturgebiet im wesentlichen auf die Nilufer beschränkt. Noch heute wohnen dort die meisten Landesbewohner, obwohl es nur ungefähr ein Dreißigstel des Staatsgebietes umfaßt.

Nomadisierende Hirtenvölker zogen immer wieder nach Ägypten. Besonders während der Trocken- und Dürreperioden suchten sie hier Rettung für sich und für ihr Vieh. Manchmal waren sie in Ägypten als Arbeitskräfte erwünscht, so bei Bauvorhaben; manchmal aber suchte man sie möglichst schnell wieder abzuschieben oder gleich gar nicht ins Land eindringen zu lassen. Daß Vorfahren Israels in Ägypten waren, stellte also damals keinen Sonderfall dar, so wenig wie ihre Beschäftigung als Zwangsarbeiter.

Nicht nur aus Ägypten, sondern auch aus dem Norden oder Nordwesten war damals kein starker politischer oder militärischer Einfluß auf Kanaan zu erwarten. Die dortige Großmacht, das *Hethiterreich*, bestand zwar schon seit vielen Jahrhunderten; ihr Stammgebiet lag in der heutigen Türkei. Doch zur Zeit Abrahams war dieses Reich außenpolitisch und militärisch nach Südwesten zurückhaltend, um sich die Flanke nach Südosten freizuhalten.

Die Völkerschaften dieses Hethiterreiches waren bunt gemischt; ihre Sprache war indoeuropäisch. Werke hethitischer Verfasser beschäftigten sich vor allem mit Politik, Recht und chronikartiger Geschichtsschreibung. Überall in Kanaan fanden sich damals hethitische Gebräuche, Rechtsformen, Eigennamen und ähnliches neben solchen anderer Herkunft.

Etwas mehr als ein Jahrhundert nach der „Amarna-Zeit" zerbrach dieses Hethiterreich vollends. Den Todesstoß versetzten ihm nicht Gegner aus dem Südwesten oder aus dem Südosten. Die Feinde kamen vom Westen über das Meer. Es waren die „Seevölker". Schon seit Jahrhunderten versuchten Völkergruppen, von dort her auf dem Gebiet des Hethiterreiches Fuß zu fassen. Trotz aller außenpolitischen und militärischen Zurückhaltung mußte das Hethiterreich auch noch schwierige Auseinandersetzungen mit Ägypten durchstehen. Denn dort waren kurz nach der „Amarna-Zeit" tatkräftige und militärisch ehrgeizige Herrscher ans Ruder gekommen, zum Beispiel Ramses II. Einem Dreifrontenkrieg gegen die „Seevölker", gegen Ägypten und

gegen die sich langsam im Zweistromland (= Mesopotamien) festigenden Kräfte war das Hethiterreich nicht gewachsen.
Daß Ägypten mithalf, das Hethiterreich zu zerstören und dadurch das politische Kräftegleichgewicht zu beseitigen, sollte sich bitter rächen: Es gab nach dem Ende des Hethiterreiches keine Militärmacht mehr, die das Vordringen von Truppen aus dem Zweistromland unterbinden konnte. Zwar war damals ein Vordringen von Mächten aus diesem Gebiet bis nach Kanaan noch nicht möglich. Aber wenige Jahrhunderte später wurde Kanaan heißumkämpfte Einflußsphäre von Ägypten *oder* von Mächten aus dem Zweistromland, wobei schließlich Ägypten unterlag.
„Zweistromland" ist das Gebiet zwischen Eufrat und Tigris. Vielleicht mündeten damals noch beide Flüsse voneinander getrennt in den Persischen Golf.
Vor allem zwei Staaten rivalisierten hier miteinander: *Babylonien* und *Assyrien.* Babylonien lag südlicher, Assyrien nördlicher.
Zur „Amarna-Zeit" war Babylonien eine Großmacht; die wichtigsten Städte dieses Staates waren: Babylon, Akkad und Ur. Vor einigen Jahrhunderten hatte Hammurapi von Babylon das geltende Recht aufzeichnen lassen. Manche derartige Rechtsbestimmungen wurden noch lange nach Hammurapi, auch zur Zeit Abrahams, im Wandergebiet der Halbnomaden beobachtet — manchmal in eigenartigen Mischungen mit hethitischen Normen.
Zweifellos hatte Abraham auch von den großartigen kultischen Bauwerken Babyloniens gehört, von den Tempeltürmen. Jede Stadt hatte mindestens eine solche „Ziggurat".
Das gewaltige Fundament sah man nicht. Darauf erhoben sich mehrere Stockwerke, die immer kleiner wurden. Diese „Stufen" aus Stockwerken kann man nicht mit Treppenstufen vergleichen. Das unterste Stockwerk hatte beim bedeutendsten Turm in Babylon eine Seitenlänge von mehr als 70 Meter, bedeckte also fast 50 Ar. Es war so hoch, wie etwa heute ein Haus mit zehn Stockwerken. Erst dann kam die nächste „Stufe". Sie war ihrerseits größer als 25 Ar und mehr als halb so hoch wie die unterste Stufe. In solchen Größenordnungen ging es weiter, sieben Stufen dieser Art hoch, bis ganz oben die Kapelle des Gottes kam. Der genannte Turm hatte eine Gesamthöhe von etwa 90 Meter. Anderweitig erreichte man das damals kaum; doch mehr als

diese Höhe beeindruckte die Massigkeit. Der Ruhm dieser gewaltigen Bauwerke war weit verbreitet; Erinnerungen daran mögen auch in die biblische Erzählung vom „Turmbau zu Babel“ eingegangen sein.
Im Land dieser Stufentürme hatte man die Keilschrift erfunden. Zeichen eines stumpfen Griffels oder eines Stabs wurden in weichen Ton eingeritzt, den man anschließend hartbrannte. Auch die Hethiter hatten diese Schrift übernommen, ebenso wie viele spätere Völker. Geschaffen hatten diese Schrift schon vor mehr als eineinhalb Jahrtausenden die Sumérer.
Das Zweistromland war eindringenden Völkern fast wehrlos ausgeliefert. Während nur wenige, schmale Zugänge nach Ägypten führten, und Feinde bereits einen aufreibenden Wüstenmarsch hinter sich hatten, standen im Zweistromland in Nordosten und Nordwesten breite Flanken offen. Im Lauf der Geschichte drangen durch sie mehrfach große Erobervölker ein. Gerade damals hatte sich eine solche erobernde Macht, die Kassiten, über Babylonien ergossen. Diese neuen Herren verstanden es sogar, mit Ägypten politischen Kontakt aufzunehmen.

Abraham zwischen den Mächten

Wir fügten Abraham in diese politische Umwelt ein, zwischen die Stadtstaaten und Großmächte der „Amarna-Zeit“. Unseren Vorschlag halten wir für den wahrscheinlichsten: Viele Forscher vertreten ihn mit einleuchtenden Argumenten. Es gibt auch Fachleute, die diesen Zeitansatz nicht für richtig halten. Folgt man ihnen, dann ändert sich zwar das politische Gesamtbild; aber die meisten der folgenden Ausführungen werden dadurch nicht berührt.
Denn die ältesten biblischen Überlieferungen geben Anschauungen von Halbnomaden wieder, nicht etwa amtliche Äußerungen von damals bedeutenden Politikern oder Militärs. Der „kleine Mann“, wie etwa Abraham, hatte daran kein Interesse; entscheidend eingreifen konnte er ja ohnehin nicht. Weil sich also die ältesten Bibeltexte mit den Interessen der Halbnomaden beschäftigen, geben sie auch keine unbestreitbar klaren Hinweise auf die „große Politik“ der Umwelt. Wer sich heute mit Bibeltexten über Abraham beschäftigt, *kann* danach

fragen, *muß* das aber nicht. Diese Texte sind nicht von den großen politischen Strömungen der damaligen Zeit aus zu verstehen, sondern aus der Denkweise von Halbnomaden.

Diese wandernden Hirten waren außerdem nicht zureichend informiert. Es gab keine Zeitungen, von anderen Massenmedien ganz zu schweigen; lesen konnte man ohnehin nicht. Was man sich immer und immer wieder erzählte, worüber die Väter oft mit ihren Söhnen sprachen, das drehte sich nicht um die großen Reiche. Man beschäftigte sich mit der eigenen Gruppe, mit der eigenen Vergangenheit und mit den eigenen Hoffnungen.

Manche wollten Israels Patriarchen dadurch in die Weltgeschichte einordnen, daß sie ihre *Lebensjahre,* wie sie die Bibel nennt, einfach zusammenzählten. Dieses Vorgehen ist ziemlich naiv. Das Zahlenmaterial ist nämlich sehr brüchig. Die Altersangaben stammen oft von viel späteren Verfassern oder Bearbeitern der Bibeltexte, also nicht mehr von Zeitgenossen. In solchen Listen schlug sich zum Beispiel Prestigedenken nieder: „*Wir* haben einen Stammvater, der sogar ... Jahre alt wurde“, oder: „*Wir* stammen vom Erstgeborenen ab, ihr aber nur vom jüngeren Bruder“ und so weiter. Manche Zahlen entstanden dadurch, daß spätere biblische Verfasser versuchten, ein System in die Listen zu bringen. Sie dachten: „Zwischen A und B fehlen viele Jahre. Also muß man diese Lücke durch Ergänzung stopfen“. Oder: „Die Gesamtzahl muß aus symbolischen Gründen so und so sein“. Oft dachten die Verfasser auch: „Die Gruppe X und die Gruppe Y sind in unserer Zeit eng verbunden. Also müssen auch ihre Vorfahren schon Brüder gewesen sein“.

Alle diese Verfasser schrieben in der Situation ihrer eigenen Zeit, also viele Jahrhunderte später als das Berichtete. War die inzwischen erreichte Lage nicht etwa das Ergebnis von Gottes Handeln? Daher hielten sie es für berechtigt, die in ihrer Zeit bedeutenden Gruppen auch in der Vergangenheit mit Prestige auszustatten. Listensysteme und Symbole sollten Gottes Handeln näher beschreiben. War die enge Verbindung von Gruppen zur Zeit der Verfasser gegen Gottes Willen geschehen? Sicherlich war diese Verbindung in Gottes Absicht bereits „angelegt“. Das konnte man sich fast nur durch leibliche Verwandtschaft der Gruppen vorstellen.

Diese Listen von Namen und Lebensaltern wurden nicht irgendwann

ein für allemal verfaßt, sondern entstanden in einem langen Prozeß. Sie wurden Jahrhunderte lang überliefert. Dabei ergaben sich Veränderungen, die Listen wurden mit anderen Listen harmonisiert und jeweils der neuen Situation gemäß formuliert. Wir aber haben nur die Endprodukte, nicht die Ausgangsformen und nur selten Zwischenstufen dieser Entwicklung.
Aus diesen Endprodukten wird deutlich, worauf allein es den Verfassern ankam: Sie wollten Gottes Leistung beschreiben, nicht aber den Weg aus der Vergangenheit. Sie wollten klarmachen: Die Menschheit geht auf Gott zurück; die Abraham-Gruppe blieb ihm treu; Gottes Hilfe ist mit ihr verbunden. Derartige religiöse Aussagen sind für den Bibelleser wichtig. Aber eine historische Rekonstruktion läßt sich auf ihnen nicht errichten.
Fachleute der Bibelwissenschaft müssen ähnlich vorgehen wie Kriminalisten und Indizien suchen. Neben den religiösen Aussagen sind viele historisch wertvolle Mitteilungen in den Bibeltext eingeflossen. Derartige Indizien sind oft klein und unauffällig. Es wäre eine trokkene Lektüre, wenn wir sie hier ausbreiten würden.

Vom Leben der Halbnomaden

Wir können uns schwer in das Leben von Halbnomaden hineindenken, denn in unserer eigenen Erfahrungswelt gibt es keine echten Nomaden. Randerscheinungen, wie beispielsweise Zigeuner, geben uns kein vergleichbares Bild von dieser eigenständigen Welt.
Die entscheidende Gemeinschaftsform war die Familiengruppe, einschließlich der Mägde, Knechte, Sklavinnen, Sklaven und deren Kinder. Zu dieser großen Gruppe gehörten also Junge und Alte, Kinder und Erwachsene. Sie war damals und dort streng patriarchalisch aufgebaut: Was der Scheich bestimmte, hatte zu gelten. Er traf auch die wichtigste Entscheidung im Leben der Halbnomaden: Wann man aufbrach, und wohin man sich wandte. Meist hatte er mehrere Frauen. Doch nicht nur sie mußten ihm gehorchen, sondern auch seine erwachsenen Söhne und Schwiegertöchter.
Mehrere dieser Familiengruppen bildeten einen Stamm oder gar einen Verband mehrerer Stämme. Dieser Zusammenschluß unterstand einem

führenden Scheich. Meist hatte man vergessen, wie es einst zu einer solchen Verbindung gekommen war. Vielleicht hatten sich mehrere kleine Familiengruppen zusammengeschlossen, vielleicht hatte eine größere Gruppe kleinere Gruppen aufgesogen. Man glaubte, daß alle Glieder des Stammes einen gemeinsamen Vorfahren hätten, also blutsverwandt seien. Auch lockere Verbände selbständiger Stämme führte man oft auf gemeinsame Vorfahren zurück. Das drückte man aus durch das Aufzählen einer langen Ahnenreihe. Einige Vorfahren hob man besonders hervor und erzählte Episoden über sie.

Die Organisation der Familiengruppen, Stämme, war sehr straff. Das war beim Wandern im fast unbewohnten Steppengebiet lebensnotwendig. „Außenseiter“ durfte es da nicht geben. Verbrechen wurden durch „Blutrache“ geahndet: Die Gruppensolidarität war so stark, daß sich die ganze Gruppe angegriffen fühlte, wenn eines ihrer Mitglieder belästigt wurde. Auch das Gastrecht wurde bis zur Grenze der Leistungsfähigkeit hochgehalten.

Diese Verbände von Halbnomaden waren vorwiegend Männerbünde; man sah die Frauen als wirtschaftlichen „Besitz“ an. Mädchen und Frauen waren billige Arbeitskräfte. Das Fortleben des Geschlechts sah man in den Söhnen garantiert; Töchter wurden in den Geschlechtsregistern selten namentlich genannt und waren meist nicht erbberechtigt. Durch die Heirat ging eine junge Frau in die Familiengruppe ihres Ehemanns über, also der Gruppe ihres Vaters „verloren“. Daher hatte der Bräutigam an den Brautvater einen Brautpreis zu entrichten. Die Frau, die den Erstgeborenen des Scheichs gebar, stieg im Ansehen der Gruppe sehr hoch. Überhaupt war der Einfluß einer Frau oft an die Zahl der von ihr geborenen Söhne gebunden.

Der erstgeborene Sohn übernahm meist die Nachfolge des Scheichs und wurde dadurch fast unbeschränkter Herrscher auch über seine jüngeren Brüder, deren Frauen und Kinder. „Erstgeburtsrecht“ hatte also einen völlig anderen Klang als unter unseren heutigen gesellschafts- und familienrechtlichen Verhältnissen. Viele der Geschlechtsregister wollten zeigen, daß der jeweilige Scheich Erstgeborener war, von Erstgeborenen abstammte, daß er also legitim herrschte.

Deutung durch Erzählungen

Auseinandersetzungen zwischen Nomadengruppen und gewisse Grundaussagen wurden durch Geschichten dargestellt.
So war zum Beispiel die Abneigung gegen die Moabiter sehr groß. Sie waren viele Jahre vor den Israeliten ins Land gekommen und bildeten eine schwere militärische Bedrohung. Diese Abneigung stellte man durch folgende Erzählung dar:
Eine von Abrahams Nichten habe ihren Vater Lot betrunken gemacht, ihn dann zum Beischlaf gebracht und Moab geboren, den Stammvater der Moabiter. Diese Erzählung wurde auch dadurch mitgeprägt, daß der Name „Moab" in den betreffenden semitischen Sprachen ähnlich klingt wie: „vom Vater".
Diese Erzählung ist kein Bericht über ein vergangenes, anstößiges Ereignis, sondern eine derbe Form der Distanzierung von den Moabitern.
Doch nicht nur Distanzierung, sondern auch Verbindung zwischen einzelnen Gruppen drückte man durch Erzählungen aus.
So war beispielsweise Isaak ursprünglich vielleicht nicht Abrahams Sohn, sondern der hochgeschätzte Vorfahre eines derjenigen Verbände, die sich mit den Abraham-Leuten später vereinigten. Man ging nun nicht etwa einen Kompromiß ein und sagte: „Ehrst du meinen Ahnen, dann ehre ich auch deinen!". Vielmehr konnte man sich diese enge Verbindung zwischen Abraham- und Isaak-Leuten gar nicht anders vorstellen als unter diesem Bild der Blutsverwandtschaft.
In der Form von Erzählungen schilderte man aber nicht nur die Verhältnisse zwischen verschiedenen Völkern, Volksgruppen und Stämmen. Auch allgemeine Grundsätze stellte man in Erzählungen dar, nicht in trockenen Formeln.
Ein Beispiel dafür: Der allgemeine Grundsatz hieß: Gott will kein Menschenopfer! Man erzählte nun, Abraham habe auf Gottes Befehl seinen einzigen „legitimen" Sohn opfern wollen. Was bedeutete das für einen Nomaden! Doch Gott habe dieses Opfer nicht angenommen, sondern im letzten Augenblick durch ein Tieropfer ersetzen lassen.
In der Umgebung Israels hielt man es damals für sehr fromm und für sehr wirksam, den Göttern die eigenen Söhne zu opfern. Die Erzählung sagte nun: Nein, unser Gott will das nicht!

Doch eine Bibelstelle ist noch nicht erklärt, wenn wir den ursprünglichen Grundsatz kennen; was interessiert uns heute die Frage Menschen- oder Tieropfer?
Uns liegt die letzte, endgültige Formulierung einer solchen Erzählung vor. Zwischen der ältesten Form und dem niedergeschriebenen Text lag ein langer Weg. Man erzählte an Heiligtümern, Lagerfeuern oder einfach im Familienkreis, oft in neuer Betrachtung und als Antwort auf neue Probleme. Diese Situationen formten solche Erzählungen um, bevor die Verfasser der biblischen Schriften sie endgültig niederschrieben und aufnahmen.
Am Ende der langen Entwicklung stand zum Beispiel eine Darstellung der Opferung Isaaks durch Abraham, in der Abraham als „Mann des Glaubens“ dargestellt wurde. Im Vertrauen auf Gott war er sogar bereit, seine Zukunft preiszugeben. Diese Mitteilung wollte der biblische Erzähler durch diese endgültige Formulierung der Erzählung machen. Er schilderte, daß Abraham Gottes Auftrag erfüllte und dabei keine Rücksicht auf seine eigenen Wünsche nahm. Eine solche Aussage wendet sich auch an den heutigen Bibelleser.
Andere Erzählungen wurden dadurch ausgelöst, daß man eine Beobachtung machte und sie durch eine Geschichte nachträglich „erklärte“. Eine solche nachträgliche „Erklärung“ von auffallenden Dingen, Festen, Riten, der Bedeutung heiliger Orte und ähnlichem nennt man „Ätiologie“. Eine von ihnen ist besonders bekannt:
In der Nähe des Toten Meeres gab es allerlei menschenähnliche Gestalten aus Salz. Diese Beobachtung führte zur Erzählung von „Lots Weib“, die sich angeblich beim Untergang von Sodom und Gomorra umgedreht habe und daher zur Strafe in eine Salzsäule verwandelt worden wäre.
Solche Erzählungen sind nicht nur einfache Mittel, komplizierte Vorgänge oder Verhältnisse auszudrücken. Man sah vielmehr alles, auch die Salzgestalten am Toten Meer, bestimmte Gebräuche oder Verhältnisse zwischen Gruppen unter einem ganz bestimmten Gesichtspunkt: *Gottes* Tun und Gebieten. Das wollte man ausdrücken, nicht einen Erlebnisbericht geben. Solche Erzählungen sollen also nicht Protokolle, sondern Deutungen sein.
Wer eine „Geschichte Israels“ schreiben will, hat es mit solchen Texten nicht leicht. Er darf sie nicht einfach als echte Geschichtsquelle ver-

wenden. Überblicke über Israels Geschichte sollten diese Schwierigkeit ehrlich zugeben.
Aber ist die Bibel nicht „irrtumslos“, „Gottes Wort“, „inspiriert“? Christen zweifeln meist nicht daran. Aber sie wissen, was das bedeutet: Gott wirkte auf die biblischen Verfasser ein innerhalb deren Denkweise, nicht innerhalb der Denkweise heutiger Leser. „Wort Gottes“ bedeutet also nicht nur „Sammlung göttlicher Aussprüche“, sondern viel, viel mehr: anspruchsvolle Wahrheit in den Worten der damaligen Zeit. Auch mit heutigen Worten könnten wir über Gott keine endgültigen und vollständigen Aussagen machen, da er größer als unsere Worte ist.

Der Gott der Halbnomaden

Wenn wir heute „Gott“ sagen, gebrauchen wir dieses Wort nicht in einem luftleeren Raum, sondern bringen unwillkürlich unsere heutigen Vorstellungen mit ein. Diese Vorstellungen sind sehr vielfältig. So denken wir an Gott als an ein jenseitiges, allmächtiges, vernunfterfülltes Wesen. Wir stellen uns Gott als Vatergott vor, wie er in Christus sichtbar wurde. Wir denken an den „zornigen Gott“, den einige alttestamentliche Propheten androhten. Neben diesen Vorstellungen hat unser persönliches Gottesbild noch Züge, über die unsere Herkunft, Vorbildung und Umwelt entschieden.
Wie stellten sich die Abraham-Leute Gott vor?
Ihr Gott war nicht an einen bestimmten Ort gebunden. Zwar waren die Nomaden fromme Leute, die an den bedeutenden Kultorten der damaligen Zeit Halt machten und ihren Gott verehrten. Aber sie errichteten ihm keine Gebäude.
Tempel passen zu einer Bevölkerung, die Ackerbau betreibt, nicht zu Nomaden. Für diese war Gott überall erreichbar, nicht nur an bestimmten Orten — freilich waren ihnen manche Orte „heiliger“ als andere. Uns kommt das heute selbstverständlich vor, weil wir in dieser Tradition stehen. Wer würde behaupten, daß Gott nur in Kirchen wohne?
Doch zur Zeit Abrahams gab es auch andere Vorstellungen als die vom freien, überall wirkenden Gott. Es gab zum Beispiel bei den Ägyptern

und in kanaanäischen Stadtstaaten prächtige Tempel-Paläste, in denen die Götter „wohnten“, wenigstens an einigen Festtagen.
Ein anderer Zug des Nomaden-Gottes ist für uns Christen überholt. Halbnomaden konnten sich Gott nur vorstellen als eine Art obersten Scheich, als oberste Autorität und als unumschränkten Herrscher. Sie konnten eine solche Autorität sogar „Vater“ nennen. Denn in den Nomadengruppen waren die „Väter“ der führenden Verbände zugleich unumschränkte Herrscher, Gerichtsherren, Oberbefehlshaber. Doch wir Christen können diesem autoritären Gottesbild nicht mehr folgen. Wir glauben ja, daß „Gott die Welt geliebt“ habe. Daher formen wir unser Gottesbild an den Gottesvorstellungen des Neuen Testaments. Ansätze dafür gibt es bereits in den Erzählungen über den Gott der Nomaden: von seiner Fürsorge und Hilfe, wie in Ägypten.

Israel in Ägypten

Die Halbnomaden bewunderten die ägyptische Großmacht im Südwesten und fürchteten zugleich diesen Staat. — Wir spüren eine solche Bewunderung in der Hoffnung vieler Gastarbeiter, bei uns ein herrliches Wohlstandswunderland anzutreffen. So ähnlich war es bei den Halbnomaden. In Ägypten gab es eine anscheinend allmächtige und unfehlbare Verwaltung. Ägypten war — wenigstens in Nomaden-Augen — eine militärische Supermacht. Dort gab es prächtige und eindrucksvolle Bauten sowie aufwendige Zeremonien, die oft mit dem König oder mit dem Götterkult zusammenhingen. Dort gab es so rätselhafte Dinge wie Hieroglyphenschrift und Kunstwerke. Vor allem aber: Dort gab es regelmäßig zu essen. Ein trockenes Jahr bedeutete ja bereits höchste Gefahr für den Viehreichtum der Nomaden und für den kümmerlichen Ackerbau, also eine Hungersnot.
Es gab Zeiten, in denen die Nomaden von Ägypten bereitwillig als „Gastarbeiter“ aufgenommen wurden. Zwar hatten sie dann harte Fronarbeit zu leisten, wie beim Bau von Verteidigungsanlagen; auch ihre eigenen Scheichs hatten dann nicht sehr viel zu sagen. Aber sie genossen eine risikolose Sicherheit und mußten nicht von Weideplatz zu Weideplatz ziehen. Vielmehr verpflegte man sie „aus den Fleisch-

töpfen Ägyptens". Doch diese Sicherheit war trügerisch. Sie galten als Staatssklaven; es war lebensgefährlich, aufzumucken; wenn einer bei der Arbeit umkam, kümmerte das die Ägypter meist nicht sehr. Vor allem aber mußten sie damit rechnen, eines Tages abgeschoben zu werden, wenn man sie nicht mehr brauchte oder wenn auch in Ägypten die Lebensmittel knapper wurden.

Daß Halbnomaden nach Ägypten kamen, war also keine Seltenheit. Einige Gruppen führten sich auf einen „Josef" zurück. Diese „Josef-Leute" müssen sich schon recht früh in zwei eng verbundene Untergruppen geteilt haben. Das drückte man so aus, daß man die angeblichen Vorfahren dieser Untergruppen, Efraim und Manasse, als „Söhne Josefs" bezeichnete.

Von diesem Josef erzählte man nun in einem Geschichtenkranz, wie er nach Ägypten verkauft worden sei. Er sei von Potifars Frau verleumdet und ins Gefängnis gebracht worden. Dort habe er die Träume des Bäckers und des Mundschenks souverän gedeutet und später eine steile Karriere gemacht. In ihrem dramatischen Aufbau stellen diese Josef-Erzählungen ein beachtliches literarisches Kunstwerk dar. Doch als Material für eine naive Geschichtsrekonstruktion müssen sie ausscheiden. Wie weit der biblische Erzähler durch ägyptische Novellen angeregt worden sein mag, steht dahin.

Das bedeutet nicht, daß diese Erzählungen für uns nicht viel Wert hätten. In einem historischen Protokoll hätte ja der Verfasser gar nicht so deutlich hervorheben können, worauf es ihm ankam: Für Gottes Hilfe gibt es keine Staatsgrenzen; Gott steht auf der Seite der Unbedeutenden, deren Lage aussichtslos zu sein scheint.

Die Josef-Erzählungen betonen außerdem die Familientreue: Trotz allem habe Josef seine Brüder geliebt und erst recht seinen Vater. Er habe dafür gesorgt, daß sie als Staatsgäste nach Ägypten kamen.

Von dieser Volksgruppe in Ägypten wird schließlich ein Zwangsarbeiter-Schicksal berichtet. Das paßt gut zu dem, was wir über ägyptisches Verhalten gegenüber Halbnomaden wissen. Das Ganze bewegte sich „am Rande" der ägyptischen Wirtschafts- und Außenpolitik. Daher ist kaum zu erwarten, daß wir klare Hinweise darauf in ägyptischen Ausgrabungen finden werden. Wir wissen zu wenig, als daß wir einen bestimmten Pharao mit Sicherheit als „Pharao der Unterdrückung" beziehungsweise „Pharao des Auszugs" bezeichnen könnten. Es ist

auch umstritten, wo die in der Bibel genannten Städte Pitom und Ramses lagen, bei deren Bau diese Volksgruppe Fronarbeit leisten mußte. Wahrscheinlich waren mit der ganzen Angelegenheit nur untergeordnete ägyptische Behörden befaßt, nicht etwa der Pharao selbst. Selbstverständlich handelte indirekt auch dieser: Er war ja für alle Behörden letztlich verantwortlich.
So war all das, mit ägyptischen Augen gesehen, recht unbedeutend. Doch die betroffenen Halbnomaden sahen den Pharao als ihren eigentlichen Gegner und Gott als ihren Verbündeten.
Das sollen auch die Erzählungen von den „ägyptischen Plagen“ ausdrücken. Die Erzähler gebrauchten schreckensvolle ägyptische Erinnerungen an Naturkatastrophen, zum Beispiel an Stechmückenplagen und an „ägyptische Finsternis“, die bei starken und plötzlichen Sandstürmen auftrat. Sie spitzten diese Erinnerungen zu: Nur Ägypter seien betroffen gewesen. Auch das Zehnerschema gehört zur Darstellungsform des Erzählers. Einige der genannten Plagen kamen in Ägypten kaum vor, beispielsweise Hagelstürme. Sie waren aber nach der Landnahme in Kanaan eine schwere Last für die israelitischen Bauern. Wenn man nun die ägyptische Zivilisation und das ägyptische Staatswesen nachdrücklich ablehnen wollte, lag es nahe, diese Plage bereits als Last für Ägypten zu erzählen. Da man die Berichte erst nach dem Auszug aus Ägypten und nach der Landnahme niederschrieb, versuchte man auch, Gott deutlich als einen Gott der Freiheit und der Befreiung darzustellen.

Der Auszug aus Ägypten

In der Bibel stehen mehrere Auszugserzählungen nebeneinander. Bereits dieser Sachverhalt sollte davor warnen, naiv eine der Erzählungen als „geschichtlich richtig“ anzusehen. Was macht man dann mit den anderen? Es kam den Verfassern offenbar überhaupt nicht darauf an, was damals genau geschah. Sie wollten vielmehr deutlich machen: In diesem Auszug, in dieser menschlichen Leistung, in glücklichen oder unglücklichen Umständen wirkte Gott.
Eine Volksgruppe befreite sich aus Ägypten. Die Staatssklaven errangen ihre Freiheit — sehr oft wird die Bibel daran ausdrücklich erin-

nern, noch häufiger werden die biblischen Verfasser daran denken, ohne es ausdrücklich zu erwähnen. Im Mittelpunkt der alttestamentlichen Botschaft steht also ein Bericht darüber, daß Gott nicht risikolose Sicherheit oder stabile Verplanung liebt, sondern Freiheit.

Die Entflohenen sollten durch ägyptische Truppen zurückgetrieben werden. Mit ägyptischen Augen gesehen, war das wohl ein ziemlich unbedeutendes Stoßtrupp-Unternehmen. Denn die Gruppe der Rebellen war klein, wohl nur wenige tausend Mann groß. Es gibt mehrere Erklärungen dafür, daß in der Bibel später 600 000 Mann genannt wurden. Diese Zahl ist nicht geschichtlich — Wüste beziehungsweise Steppe hätte diese Menschenmenge nicht ernährt. Vielleicht spielen symbolische Gedankengänge mit.

Das größte Ereignis auf dem Weg in die Freiheit war das „Meerwunder“: Die ausziehenden Israeliten zogen durch das ausgetrocknete Meer, die nachstürmenden Ägypter wurden von den zurückkehrenden Fluten ertränkt. Welches Meer war das? Alle entsprechenden Karten geben nur Vermutungen heutiger Forscher wieder; Gewißheit ist nicht mehr zu erzielen. Sicherlich war die betroffene ägyptische Truppe klein. Doch der Untergang der militärisch weit überlegenen Ägypter mußte dem Häuflein schlecht gerüsteter Verfolgter als gewaltiger Sieg erscheinen. Man sah Gottes Wirken dahinter. Wiederholtes Erzählen machte das immer anschaulicher: Die Israeliten zogen „trockenen Fußes“ durch, „das Meer stand wie eine Mauer“, der Pharao selbst leitete die Verfolgung.

Im Zusammenhang mit diesem Auszug erzählte man die Einsetzung des Pascha-Mahles (sprich: Pas-cha). Dieses Fest war schon sehr alt. Möglicherweise entstand es aus einem Nomadenfest, das jeden Frühling vor der neuen Wanderung gefeiert wurde. Für viele Nomaden begann das Jahr mit diesen Tagen. Sie opferten von ihrem Reichtum, dem Vieh.

In der Weise, wie die biblischen Verfasser davon berichten, hatte es einen neuen Inhalt bekommen. Eben darauf kam es ihnen an: Das Fest sollte den Schutz des Volkes verbürgen, vor allem seiner Erstgeborenen, vor der großen Wanderung in die Freiheit. Die genaue Deutung des biblischen Textes ist nicht einfach. Alte und jüngere Gebräuche wurden später mit diesem Fest verbunden, zum Beispiel das Fest der „ungesäuerten Brote“.

Mose

Beim „Auszug aus Ägypten" spielte eine Persönlichkeit namens „Mose" eine entscheidende Rolle. Wir wissen heute nicht mehr, wer er eigentlich war und was er genau tat. Die entsprechenden biblischen Erzählungen verwandten zwar viele alte Überlieferungen. Aber sie gingen bereits vom später einmal Erreichten aus, nämlich von der geglückten Landnahme.

Der Name „Mose" ist ägyptisch. Das bedeutet wohl, daß an der Erzählung der Adoption des Mose durch Ägypter etwas Wahres sein kann. Aber viele Einzelheiten sind unsicher oder sogar unwahrscheinlich. War seine Adoptivmutter wirklich eine Prinzessin? Auch verbreitete Legenden sind in die Mose-Erzählungen eingewandert, so der Bericht von der märchenhaften Errettung des ausgesetzten Kindes.

Daß Mose in Ägypten eine Art von Schulbildung erhielt, ist nicht ausgeschlossen. Denn für den politischen oder wirtschaftlichen Briefwechsel mit den Höfen außerhalb Ägyptens wurden auch Nichtägypter geschult. Die Muttersprache des kleinen Mose war aber mit den Sprachen der Stadtstaaten in Kanaan verwandt. Wer mit diesen Staaten in einem engen politischen und wirtschaftlichen Verhältnis stand, dessen Einfluß war damals in Palästina/Syrien und darüber hinaus entscheidend. Der ägyptische Staat hatte Interesse an einem ständigen Kontakt mit ihnen. Vielleicht sollte Mose ein Schreiber für die ägyptische Außenpolitik oder für den ägyptischen Außenhandel werden: vielleicht ...

Daß von Mose erzählt wird, er sei nach seiner ersten Tat nach Midian geflohen, dort vom Priester Jitro aufgenommen und dessen Schwiegersohn geworden, veranlaßte und veranlaßt immer wieder zu allerlei Vermutungen: Was brachte er von dort mit, etwa sogar religiöse Formen und den Gottesnamen? All das sind Vermutungen mancher Forscher, nicht mehr.

Moses Rolle beim Wüstenzug und am Berg Sinai können wir nicht mehr klar erkennen. Viele Erzählungen sind erst später mit ihm in Verbindung gebracht worden. Vor allem gilt das für eine Unzahl von kultischen Vorschriften. Sie entstanden viel später, ersetzten oder erläuterten ältere Texte. Im Bibeltext stehen sie aber unter dem Namen „Mose". Ein Beispiel:

> „Und der Herr sprach zu Mose: ‚Sprich zu den Kindern Israels und sage ihnen: Wenn ihr euch in dem Land niedergelassen habt, das ich euch gebe, und ihr bringt dem Herrn ein Brand- oder Schlachtopfer dar: Derjenige, der dem Herrn opfert, soll zugleich als Speiseopfer ein Zehntel Efa feines Mehl darbringen, vermischt mit einem Drittel Hin Öl.'"

Diese Vorschrift setzt spätere Verhältnisse voraus. Speiseopfer waren ja in einer Religion von viehzüchtenden Halbnomaden nicht üblich. Aber als Israel später ein seßhaftes Bauernvolk geworden war, gehörte zu den Opfern auch, daß man von seiner Ernte Mehl und Öl darbrachte. Die Vorschrift entstand also erst lange nach der Zeit des Mose. Doch man sah die eigentliche Grundlage einer solchen Vorschrift mit Recht grundgelegt in der Landnahmezeit und legte sie daher Mose in den Mund.

Die „fünf Bücher Mose" stammen nicht einfach von Mose. Das ist keine revolutionäre Behauptung, sondern längst Allgemeingut der Fachwissenschaft und vieler Bibelleser. Diese Bücher sind vielmehr eine Sammlung älterer und jüngerer Texte, die erst viele Jahrhunderte nach Mose zu den heutigen Büchern zusammengestellt wurden. Für die Endredaktoren bekamen diese Überlieferungen einen Sinn vom später Erreichten her: Israel war seßhaft geworden und feierte einen ordnungsgemäßen Gottesdienst. Man konnte all das mit Mose in Verbindung bringen. Es kam ja nicht auf ihn an, sondern auf den Weg Gottes mit dem Volk.

Der Weg durch die Wüste

Diese israelitischen Halbnomaden gelangten nach Palästina. Welchen Weg sie nahmen, können wir nicht mehr feststellen. Die Bibel schildert zwei verschiedene, einen entlang der Küste, den anderen mitten durch die Halbinsel Sinai. Auch die Lage des Gottesberges könnte man nur erschließen, wenn der tatsächlich genommene Weg bekannt wäre. Der heute „Sinai" genannte Berg ist vielleicht ein anderer als der in der Bibel so bezeichnete.

Wie lange der Marsch dauerte, wissen wir nicht; die in der Bibel genannten vierzig Jahre sind eine runde Zahl. Man gebrauchte sie in

biblischen Texten mehrfach, wenn man symbolisch „eine Generation" sagen wollte.
Am Rande Kanaans schlossen sich die aus Ägypten Entkommenen mit anderen Gruppen zusammen, die ebenfalls Land suchten. Diese neuen Gruppen übernahmen von den Entflohenen die Ägypten-Traditionen; doch auch einige ihrer eigenen Überlieferungen gingen in den Erzählungsschatz der „ersten" Gruppen ein und dadurch in unseren Bibeltext. Freilich ist sehr umstritten, welche biblische Erzählung nun hierhin, welche dorthin gehört.
Was hinter den Sinai-Erzählungen an historischen Ereignissen steckt, können wir nicht mehr genau ausmachen. Der Ton liegt ganz auf der Überwältigung durch Gott und auf der Unbedingtheit seiner Forderungen.
Die älteste Stelle, die von der „Bundeslade" spricht, ist die Jericho-Erzählung. Dort wird sie einfach genannt, kaum näher beschrieben. Aber dort schilderten die Verfasser nicht mehr etwas, was sie sahen, sondern etwas, was sie sich vorstellten. Denn nachdem die Lade einmal feierlich in den Tempel überführt worden war, wurde sie kaum noch erwähnt; alle biblischen Beschreibungen der Lade entstanden aber wesentlich später, zum Teil nach der Zerstörung des Tempels. Daher können wir heute nicht mehr ausmachen, wie sie ursprünglich genau aussah und welche Bedeutung sie hatte. War sie ein Schutzmittel, das man auf Kriegszügen mittrug? Sah man sie als Thronsessel oder Fußschemel Gottes an? Gab es sogar mehrere Bundesladen?

Zwölf Stämme

Als das Volk seßhaft wurde, scheint es in zwölf Stämme eingeteilt gewesen zu sein. In der Bibel ist das so dargestellt: Die zwölf Söhne Jakobs waren die Vorfahren je eines Stammes.
Heute sind sich fast alle Fachleute einig darüber, daß das keine genealogische, sondern eine religiöse Aussage war. Die Verfasser wollten also nicht etwa in erster Linie Geschlechtsregister überliefern. Vielmehr wollten sie sagen: Diese zwölf Gruppen gehören sehr, sehr eng zusammen und verehren denselben, den wahren Gott.
Diese enge Verbindung der Stämme stellte man am leichtesten im

Bild der Blutsverwandtschaft dar. Dabei mußte man die Namen der „Söhne“ nicht erst erfinden. Die einzelnen Gruppen betrachteten nämlich eine bedeutende Persönlichkeit ihrer Vergangenheit als „Vorfahren“, gewissermaßen als Vorbild. Man mußte also nur noch diese Persönlichkeiten als Brüder darstellen, wenn man die Einzelgruppen als eng zusammengehörig schildern wollte.

Übrigens kann man an den Erzählungen über die Urväter auch die Wertschätzung des betreffenden Stammes in späterer Zeit ablesen. War der Stamm angesehen und bedeutend, dann mußte auch sein „Vorfahr“ bedeutend gewesen sein und umgekehrt. So ist von Jakobs Erstgeborenem Ruben erzählt, er habe mit einer Nebenfrau seines Vaters Verkehr gehabt und sei daher von Jakob nicht mehr als Erstgeborener betrachtet worden. Zur Zeit der Niederschrift dieses Textes war der Stamm Ruben eine kleine, verhältnismäßig unbedeutende Gruppe.

Man kann also das „Zwölf-Stämme-System“ nicht einfach als einen Verband von nahen Verwandten ansehen. Dem widerspricht nicht, daß viele Stämme wirklich miteinander verwandt waren. Auch einige Einzelerzählungen können sehr alt sein; jünger ist nur der Gesamtrahmen der Zwölf-Brüder-Geschichte, in den sie eingebaut wurden.

Viele Forscher erklären sich das Zustandekommen dieses Gesamtrahmens in folgender Weise: Religiös verbundene Gruppen schlossen sich zusammen, um gemeinsam den Kult feiern zu können. Der neue Großverband wurde in zwölf Teile geteilt. Jeder Teil übernahm für einen Monat die Ausgestaltung, Organisation und Finanzierung des gemeinsamen Kults an einem Zentralheiligtum für alle zwölf Gruppen. Ähnliche Gruppenverbände, Amphiktyonien genannt, kamen im Altertum auch anderwärts vor. Das zentrale Heiligtum Israels könnte für einige Zeit in Sichem gelegen haben.

Ein solcher Kultverband hatte nicht nur eine religiöse Bedeutung. Am Zentralheiligtum trafen sich ja die Vertreter der verschiedenen Gruppen. Man konnte dabei Handelsverträge schließen, Kriegszüge vereinbaren und ähnliches.

Die Landnahme

Die verschiedenen biblischen Erzählungen von der Landnahme Israels in Palästina gingen meist vom *Endergebnis* aus: Israel ist im Land Kanaan. Das verstand man als Geschenk Gottes und schilderte es entsprechend. Man wollte also eine religiöse Aussage machen.
Eines der wichtigsten Ereignisse der Landnahme — vielleicht das wichtigste — war: Die Halbnomaden-Gesellschaft brach mehr und mehr auseinander. An die Stelle des risikoreichen Umherwanderns begann die Seßhaftigkeit zu treten. Aus vielen Gründen strebten die Halbnomaden zu dieser neuen Gesellschaftsform. Von dem Auseinanderbrechen der Halbnomaden-Gesellschaft erfahren wir sehr wenig „zwischen den Zeilen" der Bibel, vielleicht dann, wenn vom „Murren des Volkes" die Rede ist. Jedenfalls: Für die betreffenden biblischen Schriftsteller war Israel bereits zum seßhaften Volk geworden.
Das hatte vielerlei Folgen. An die Stelle der lockeren Stammesorganisation trat im Lauf der Zeit ein streng zentralistisches Königtum. Der Reichtum des einzelnen Israeliten bestand nach der Landnahme nicht mehr in seinen Viehherden, sondern beruhte auf Grundbesitz und Ernten. Die Kleinviehzucht behielt man nur in kleinerem Maße bei.
Auch ihre ursprüngliche Sprache gaben die eingewanderten Stämme auf. Sie übernahmen die Sprache des neuen Landes, aus der das biblische Hebräisch entstand. Freilich war die Sprache der Einwanderer eng verwandt mit der angetroffenen Landessprache.
Eine Bauern-Zivilisation hatte auch andere religiöse Ausdrucksformen als eine Nomaden-Gesellschaft. Noch viele Jahrhunderte lang schien es keineswegs sicher zu sein, ob aus dem bisherigen Nomaden-Gott nicht ein allmächtiger Fruchtbarkeitszauberer mit festem Einflußgebiet und mit festem Wohnsitz würde, seßhaft wie seine Verehrer. Daß das nicht geschah, war eine Leistung bedeutender Persönlichkeiten *und* ein Ergebnis brutaler Eingriffe von außen. Doch während heute nur noch einige Spezialisten etwas von den Göttern der umgebenden Völker wissen, „überstand" der Gott Israels diese gewaltsamen Eingriffe und wurde auch noch Jahrhunderte später verehrt.
Es gab einige „Zugeständnisse" an die Religiosität der Umwelt. So wurde ein prächtiger Tempel als „Haus Gottes" gebaut. Aber die Zugeständnisse betrafen fast nur Nebensächlichkeiten. Als der Tempel

wieder und wieder zerstört und der Kult unterbunden wurde, betrachteten viele das nicht als katastrophale Niederlagen Gottes. Ihre Auffassung setzte sich schließlich durch. Was bedeutet für Christen schon der jüdische Tempel und der Tempelkult?
Auch wenn die Landnahme ein Ereignis von größter Tragweite war, darf man sie sich nicht als militärischen Eroberungszug vorstellen. Zweifellos gab es Scharmützel; zweifellos fielen mehrere von ihnen erfolgreich für die Eindringlinge aus. Aber wesentlich nachhaltiger wirkte das langsame Einsickern: Das Land war verhältnismäßig dünn besiedelt, daher konnten sich Halbnomaden ohne größere militärische Auseinandersetzungen in den „freien Räumen" zwischen den Siedlungen der Ansässigen niederlassen, zum Beispiel in noch nicht gerodeten Waldgebieten. Vielleicht kam es dabei in einzelnen Fällen und für einige Zeit sogar zur Abhängigkeit von den früheren Bewohnern.
Doch die wirklich fruchtbaren Gebiete, wie große Teile der Küstenebene, wurden von den kanaanäischen Stadtstaaten zäh und oft erfolgreich verteidigt. Schon gar nicht konnten die Halbnomaden die festen Städte erobern, wie etwa Jerusalem. Woher hätten sie auch die ausgefeilte Technik des Belagerungskrieges kennen sollen?
Die Jericho-Erzählung spricht von einem mehrmaligen Umzug mit der Bundeslade um die Stadt; schließlich seien unter dem Schall der Posaunen die Stadtmauern zusammengebrochen. Jericho war eine der ältesten Städte der Welt. Doch von Mauern gab es zur Zeit der Landnahme wahrscheinlich nur noch Ruinen, die bereits mehrere Jahrhunderte alt waren. Auf die geschilderte Weise dürfte also Jericho nicht gefallen sein. Was steckt dann hinter der biblischen Jericho-Erzählung? Vermutlich spiegelt sich hier ein Kultfest (mit Prozession) wider; außerdem sah man die gewaltigen Ruinen der Stadtmauern. Man wollte nun bildhaft und dramatisch schildern, daß *Gott* das Land geschenkt habe, daß man es also nicht der Tüchtigkeit dieses oder jenes Feldherrn verdanke.
Die Halbnomaden erwarben also im Laufe der Jahre Land. Kanaan wurde als sehr fruchtbar geschildert, „überfließend von Milch und Honig". Das war „mit Nomaden-Augen" gesehen und mit der Steppe verglichen. Auch wenn im Altertum das Gebiet fruchtbarer als heute war, kann man seine Fruchtbarkeit nicht allzu hoch veranschlagen. Doch man wollte ja nur betonen, daß Gott für sein Volk sorge.

ISRAELS „RICHTER“

Die Gruppen der bisherigen Halbnomaden waren auch nach der Landnahme zunächst nur sehr locker verbunden. Daher war meist ein geschlossenes, militärisches Vorgehen des *Gesamtverbandes* unmöglich. Militärische Auseinandersetzungen waren also eine Angelegenheit der betroffenen Stämme, vielleicht mit der Hilfe einiger Nachbarstämme. Solche Auseinandersetzungen führten „Richter“. Vermutlich hatten einige von ihnen auch Befugnisse in der Rechtsprechung — aber die militärische Führungstätigkeit war entscheidend. „Richter“ war also dasselbe wie „Oberbefehlshaber auf Zeit“. Wenn der Gegner besiegt war, galten die Richter nicht mehr als Vorgesetzte, sondern nur noch als bedeutende Mitbürger.

Im Lauf der Zeit sammelten sich viele „Richter“-Erzählungen an. Manche von ihnen waren alt und enthielten historische Erinnerungen, andere waren eher legendär.

Das biblische Buch der Richter gibt nicht nur derartige Erzählungen wieder. Vielmehr versuchte man, in die verwirrende Überlieferung eine Art von System zu bringen. Man stellte sich „Richter“ ähnlich wie Könige vor und nahm an, sie seien für *ganz* Israel tätig gewesen, nicht nur für einzelne Stämme. Selbstverständlich stimmt das indirekt auch: Wenn sie den Kampf ihres eigenen Stammes gegen die Ammoniter leiteten, handelten sie ja auch im Interesse der anderen Stämme. Daß es gelegentlich auch Gegensätze zwischen den einzelnen Stämmen gab, erzählte man nur „nebenbei“. Außerdem errichtete man ein Zahlenschema, wie folgendes:

> „Doch die Israeliten taten wieder, was dem Herrn mißfiel. Aber (der „Richter“) Ehud war gestorben. Da gab sie der Herr Jabin preis, dem König von Kanaan, der in Hazor regierte. Er bedrückte die Israeliten zwanzig Jahre lang hart ... Dann (= nach einem großen Sieg unter dem „Richter“ Barak) hatte das Land vierzig Jahre lang Ruhe“ (Ri 4,1—3; 5,31).

Freilich paßten nicht alle „Richter“ in ein derartiges Zahlenschema. Dennoch nannte man für manche „Richter“ sogar wirkliche Regierungszeiten, zum Beispiel:

> „Und Jiftach richtete Israel sechs Jahre lang“.

Man versteht diese Systematisierungen leichter, wenn man sich an folgendes erinnert: Die Sammler und Redaktoren des Richterbuches lebten selbst nicht mehr in der Richterzeit, sondern zur Zeit der Könige oder noch später. Militärische Einzelaktionen, deren Führer nachher wieder in die Reihe des Stammes zurücktraten, konnte man sich nicht mehr vorstellen. So prägten spätere gesellschaftliche Verhältnisse die biblische Überlieferung.

Wer nun dieses Buch als Geschichtswerk liest, muß ratlos bleiben. Da mischen sich historische Erinnerungen, Legenden und ein späterer Rahmen. Aber wer so liest, ist auf dem falschen Weg. Mit Hilfe der alten Erzählungen wollten die Verfasser zeigen, daß *Gott* immer wieder seinem Volk half. *Er* ist der Held des Buches, nicht die genannten „Richter" — was schadete es dann, wenn einige Legenden und ein späterer Gesamtrahmen mit in den biblischen Text eingingen?

Die alten Erzählungen, die von diesen Verfassern benützt wurden, berichten ganz nebenbei über allerlei Gebräuche der Vergangenheit.

Der bekannteste dieser „Richter" ist vielleicht Simson. Gerade in den Simson-Erzählungen sieht man dieses Nebeneinander von Bericht, Legende und äußerem Rahmen. So wird berichtet, Israel sei vierzig Jahre lang unterdrückt gewesen. Da wurde Simsons Geburt durch einen Engel einer bisher unfruchtbaren Frau angekündigt. Der „Richter" Simson zerriß einen Löwen mit bloßer Hand, stellte Rätselfragen, zerriß Fesseln, verrichtete großartige Heldentaten, hängte die Stadttore von Gaza aus und trug sie weg. Doch als seine Haare abgeschnitten wurden, verlor er seine Kraft. Er wurde geblendet und gefesselt. Als der blinde Simson seinen Gegnern vorspielen sollte, waren die Haare wieder gewachsen, seine alte Kraft also zurückgekehrt. Er lehnte sich an die tragende Säule des Hauses und brachte es zum Einsturz — so tötete er sich und Tausende von Gegnern. Sie waren Philister, damals die gefährlichste Macht in diesem Gebiet.

Religiöse und wirtschaftliche Verhältnisse unter israelitischen Bauern

Die israelitischen Bauern hatten ihre Religion aus der Halbnomadenzeit mitgebracht. Man bemühte sich nun, alles auf den Gott zurückzuführen, der „Israel aus Ägypten geführt hatte". Damals entstand der bedeutendste Text, den diese Bemühung hervorbrachte: Der ältere Schöpfungsbericht und die Paradieserzählung.

Damit ist nicht der Schöpfungsbericht gemeint, der heute am Anfang der Bibel steht. Er entstand erst viele Jahrhunderte später. Doch auf ihn folgt ein zweiter Schöpfungsbericht, der viel „bäuerlicher" klingt. Gott erschafft nach diesem Bericht den Menschen aus Ackerstaub. Tiere stehen zu seinen Diensten, die Frau wird aus dem Mann geschaffen — ist ihm also unterlegen. Ein wunderbarer Garten, das Paradies, ist gut bewässert, in ihm wachsen Bäume. Der seßhaft gewordene Bauer versuchte also, *seine* Welt auf den ererbten Gott der Halbnomaden zurückzuführen.

Freilich verband sich sein Erbe mehr und mehr mit einer Religiosität, die um die Ernte kreiste. Man feierte Beginn und Ende der Getreideernte, brachte Erstlingsfrüchte dar und feierte den Schluß der Weinlese. Soweit wir heute noch erkennen können, führte man auch diese Gaben auf den „Gott der Halbnomaden" zurück. Diese Verbindung der traditionellen Religiosität mit dem Bauernleben war auch später noch fruchtbar: So verband man später das Laubhüttenfest, ursprünglich wohl ein Weinlesefest, mit dem Wüstenzug. Freilich dürften manche auch die Kulte der heidnischen Umgebung und damit die Verehrung von Fruchtbarkeitsgöttinnen übernommen haben.

Das Eigentum dieser Bauern war nicht sehr groß. In der ersten Zeit nach der Landnahme gab es kaum Großgrundbesitzer. Eigentlich sollte es gar nicht möglich sein, großen Grundbesitz anzusammeln. Denn der verkaufte Boden sollte im Besitz der Großfamilie bleiben. Aber schließlich gab es dafür immer seltener Verwandte als Käufer; Zahlungskräftige konnten ihren Besitz mehr und mehr vergrößern, auch wenn sie nicht mit dem früheren Eigentümer verwandt waren. Aber Besitz bedeutete auch damals Macht, so daß sich die Entwicklung zur Aristokratie und zur Monarchie abzeichnete. Die Macht Davids und der späteren Könige beruhte nicht zuletzt darauf, daß die Könige Großgrundbesitzer waren.

Der Übergang zur Monarchie: Saul

Neben der Entwicklung der Eigentumsverhältnisse führte auch die militärische Situation zur Monarchie: Die lockere Verbindung der Stämme war keine Dauerlösung. „Richter" konnten ja nur kurzfristig und in eng begrenzten Gebieten militärische Gegner abwehren.

Die größten militärischen Gegner der Israeliten waren die Philister. Auch sie waren erst seit wenigen Jahrzehnten im Land. Aber sie waren vorher nicht Halbnomaden gewesen, sondern bereits aristokratisch organisiert. Vielleicht waren sie ein Teil der „Seevölker", einer Wanderungsbewegung, mit der auch der Untergang Troias zusammenhing. Statt der Bronze, die in den Stadtstaaten Kanaans bisher verwandt wurde, benutzten sie Eisen. Sie eroberten mehrere Stadtstaaten.

Am gefährlichsten für die Israeliten war vielleicht, daß die Philister gut geübte Truppen und Einzelkämpfer, wie etwa Goliat, einsetzten. Ein ungeübtes Volksheer war dagegen meist machtlos. Erst David konnte die Philister zurückdrängen, aber nicht endgültig unterwerfen.

Um das Jahr 1050 vor Christus errangen sie über Israel einen bedeutenden Sieg und erbeuteten die Bundeslade. Auch das Heiligtum von Schilo plünderten sie und strebten nach weiterer Ausbreitung. Den Israeliten verboten sie sogar das Schmieden, so daß sie eiserne Gegenstände für friedlichen Gebrauch bei den Philistern kaufen mußten. Diese Vorschrift wurde allerdings nicht überall lückenlos durchgeführt.

Für die Israeliten mußte es auch wie „ein Pfahl im Fleisch" wirken, daß Jerusalem nicht zugänglich war: Es war in der festen Hand der Jebusiter. Die Belagerungstechnik beherrschten die Israeliten nicht; mit Stammesaufgeboten konnten sie die schwierige militärische Lage nicht meistern.

Da erhob man Saul zum König. Er war etwas ähnliches wie ein „Richter" für Gesamtisrael. Schon vor seiner Erhebung zum König hatte er sich siegreich gegen die Ammoniter gewandt. Anscheinend war bei der neuen Erhebung nur an einen ständigen allgemeinen Oberbefehlshaber gedacht, noch nicht an einen König „wie bei den (umliegenden) Völkern". Saul baute auch nicht das Königtum aus, sondern traf nur wenige Maßnahmen, wie die Errichtung einer stehenden Truppe und die Berufung von Offizieren. Gegen die Philister gelangen ihm zu-

nächst einige Überraschungserfolge. Aber ihren eigentlichen Gegenangriff konnte auch er nicht abwehren. Nach einer schweren Verwundung beging er Selbstmord.
Die Entwicklung drängte über die „Richter“ hinaus auf ein echtes Königtum hin.

Davids Grossreich

Noch während Sauls Regierungszeit hatte ein bedeutender Rivale großen Einfluß errungen: David. Er war kein stiller Hirtenjunge, sondern ein gewandter Politiker und Militär, der auch brutal sein konnte.
Unser heutiges Bild von David ist oft geprägt von der Idealisierung durch spätere biblische Schriftsteller. Sie hatten weder die Monarchie noch gar David selbst erlebt. Doch sie wußten: David stand am Anfang von Israels politischer Großzeit. So malten sie über die Erzählungen aus Davids Zeit einen goldenen Glanz.
Viele Jahrhunderte später spielte David mehr und mehr eine Rolle in der Zukunftserwartung des Volkes: Jesus galt als Davidssohn; die verschiedenen Geschlechtsregister Jesu im Mattäus- und Lukasevangelium wollen seine Davidssohnschaft betonen. Weiterhin hoffte man zur Zeit Jesu, ein „zweiter David“ werde die mißliche politische und militärische Abhängigkeit der Juden von den Römern beseitigen.
David kam an Sauls Hof als Schwertträger und als Zitherspieler. In der Bibel gibt es mehrere Berichte über Davids Aufstieg, die sich nicht zu einer Gesamtdarstellung vereinigen lassen. David kam nicht erst durch den Sieg über Goliat an den Hof. Viele Einzelzüge der Goliat-Erzählung geben ein getreues Bild der Verhältnisse; doch das Ganze ist eine dramatische Darstellung oder Tatsache, daß David der große Retter vor der Philistermacht war.
An Sauls Hof blieb David nicht lange. Vermutlich erkannte Saul, daß David ein Rivale sein konnte. So floh David und sammelte in der Steppe eine Söldnertruppe um sich, die auf ihn verpflichtet war. Diese Berufskrieger waren also nicht in erster Linie einer Sache ergeben, sondern einer Person — natürlich nicht kostenlos. Davids Truppe war kein Volksheer, sondern bestand aus „Fachleuten“ beziehungsweise Berufssoldaten. Das machte ihn den Truppen Israels überlegen.

Schließlich stellte sich David mit seiner Truppe in den Dienst des großen Gegners Israels, nämlich in den Dienst der Philister. Obwohl er nun ihr Lehensmann war, konnte er anscheinend einen Einsatz seiner Truppen gegen Israel vermeiden.
Als sich Saul getötet hatte, konnte David die Rückkehr in seinen Heimatstamm wagen. Hier wurde er zum König über die Südstämme ausgerufen. Als der König der Nordstämme, ein Sohn Sauls, getötet worden war, nahm David auch die Berufung zum König der Nordstämme an. Beide Reichsteile waren nunmehr in seiner Person vereinigt. Sie bildeten nur insofern *ein* Staatswesen, als sie einen gemeinsamen König hatten. David konnte beide Teile zeitlebens zusammenhalten. Doch nach dem Tod seines Sohnes Salomo sollte diese Verfassung zum Auseinanderbrechen beider Teile führen.
Langsam rundete David sein Reich ab. Es wurde ein „Vielvölkerstaat". Seine Truppen, weithin ein Berufsheer, eroberten viele kanaanäische Stadtstaaten. Doch deren Bevölkerung blieb fast unbehelligt; nur die Oberschicht und ihre außenpolitischen Beziehungen änderten sich. Es war eine große Leistung Davids, dieses komplizierte Staatswesen zusammenhalten zu können.
Auch nach außen konnte er sein Großreich sichern. Es gelang ihm, die militärische Übermacht der Philister endgültig zu brechen und seinen früheren Herren schwere Niederlagen zuzufügen. Zu diesen militärischen Erfolgen Davids trug auch bei, daß zu seiner Zeit im Gebiet seines Großreiches keine fremde Großmacht einen stärkeren Einfluß ausübte. Seine Gegner waren also nur Kleinstaaten.
Vor allem gelang es David, Jerusalem zu erobern. Dieser Stadtstaat hatte bisher als uneinnehmbar gegolten. Doch um das Jahr 1000 vor Christus gelang Davids Truppen die Eroberung durch einen Handstreich. Vielleicht drangen sie durch den Stollen ein, der eine Quelle mit der Stadt verband. Diese Quelle lag außerhalb der Mauern, lieferte aber das Wasser für die Stadt. David schlug diese Eroberung nicht einem der Stämme zu, sondern seinem persönlichen Eigentum. Das bedeutete eine beträchtliche Vergrößerung seines persönlichen Besitzes. Außerdem war die neueroberte „Stadt Davids" frei von den Eifersüchteleien zwischen den Stämmen, da sie auf „neutralem" Gebiet lag. Andererseits waren die Bewohner der Stadt zum großen Teil nicht israelitisch.

Jerusalem wurde von David zur Hauptstadt gemacht. Er baute die Stadt aus und verband sie mit der religiösen Tradition seines Volkes. In aller Form ließ er die „Bundeslade" nach Jerusalem bringen. Bisher hatte Jerusalem keinen Platz in der religiösen Tradition gehabt. Doch jetzt begann es, auch religiöser Mittelpunkt zu werden. Dieser Weg sollte unter einem Nachfolger Davids noch bis zur „Kultzentralisation" gehen: *Nur* der Jerusalemer Tempelkult galt später als legitim. Doch David war dazu nur die ersten Schritte gegangen. Bereits der Bau des Tempels stammte nicht von ihm, sondern von seinem Sohn Salomo. Daß bereits David diesen Gedanken gehabt habe, ist vielleicht eine Darstellung der folgenden Tatsachen: Seit David war ein Tempelbau in Jerusalem überhaupt erst möglich. Er hat diese Stadt erobert und mit der Religion seines Volkes verbunden.

Die große Frage war nun: Wer sollte nach Davids Tod diesen Staat zusammenhalten? Hier verließ David seine sonstige politische Fähigkeit. Zunächst äußerte er sich nicht. Daher kämpften seine Söhne noch zu seinen Lebzeiten rücksichtslos um das Erbe; einer nach dem anderen wurde getötet. Schließlich gelang es Salomo, noch vom alten David als Nachfolger proklamiert zu werden. Dieser Sieg Salomos war Ergebnis einer Intrige am Hof Davids, in der Salomos Mutter und der Prophet Natan entscheidende Rollen spielten. Freilich war auch Salomo nicht fähig, das komplizierte Großreich Davids über seinen eigenen Tod hinaus zusammenzuhalten. Ob das einer seiner Brüder besser verstanden hätte, steht dahin.

Als David starb, hinterließ er ein Großreich, und Israel war zu einer Monarchie geworden. Die alte Stammesverfassung stand nur noch auf dem Papier; sie hatte sich in der damaligen Umwelt nicht bewährt und mußte verschwinden.

Davids Nachfolger Salomo und das Zerbrechen des Großreichs

Salomo scheint David ohne Wirren auf den Thron gefolgt zu sein. Rivalen beseitigte er und verteidigte sein Königtum. Nach außen führte er vermutlich keine Kriege, obwohl sich an den Rändern des Reiches einige Gruppen der israelitischen Obermacht entzogen. Doch ein „Friedensfürst" war auch er nicht, da er auf den Ausbau der militärischen Rüstung großen Wert legte. So wurden in Megiddo Ställe ausgegraben, die unter Salomo für mehrere hundert Streitwagenpferde erbaut worden waren. Derartige große Streitwagengarnisonen waren über das ganze Land verstreut.

Diese Aufrüstung war recht teuer; möglicherweise sollte sie auch das Prestige des Königs von Jerusalem nach außen zeigen. Auch andere Maßnahmen konnten diesem Prestige dienen. So baute Salomo viel und oft, vor allem den Tempel, aber auch einen Königspalast, das „Libanonwaldhaus" und anderes. Bauholz mußte importiert werden und war daher nicht billig. Zum Prestige eines damaligen Herrschers im Vorderen Orient gehörte auch, daß er einen großen Harem besaß — Salomos Harem war sehr groß.

Salomo selbst war wirtschaftlich besser gestellt als fast alle Landsleute. Er war Großgrundbesitzer und hatte diesen Besitz nicht erworben, sondern ererbt. Außerdem hatte er Einnahmen aus Einfuhr- und Durchgangszöllen, vor allem aber aus drückenden Steuern. Für seine Bauten zog er außerdem die Bauarbeiter als Fronarbeiter ein; die Lohnkosten blieben also niedrig. Für die Israeliten war diese Methode der Gewinnung von Arbeitskräften unerhört. Sie erinnerte sie an die eigene Fronarbeit in Ägypten. Trotz allem genügten Salomo seine Einnahmen nicht. Für Söldnertruppen, Streitwagen, Streitwagenpferde mußte er wertvolle Landesgüter ausführen, ja sogar eine Anleihe aufnehmen.

Einer der größten „Bauplätze" Salomos war der Tempel. Er war ein Teil der Palastbauten und stand immerhin fast ein halbes Jahrtausend lang, von der Mitte des zehnten Jahrhunderts bis zum Jahre 587/6 vor Christus. An derselben Stelle wurde auch nach dem Exil wieder ein Tempelbau errichtet, der etwa so lange wie der salomonische stand. Schließlich erbaute hier Herodes der Ältere einen Prachtbau, den auch Jesus und seine Jünger betraten. Er wurde bereits im Jahre 70 nach Christus zerstört und stand nicht einmal ein Jahrhundert lang. Die heutige „Klagemauer" in Jerusalem stammt von diesem dritten Bauwerk.

Salomos Tempelbau war ein bedeutender Schritt weiter in die Richtung der religiösen Zentralisierung: *Hier* wurde Gott verehrt. Einige Jahrhunderte später hieß es: *Nur* hier wird Gott legitim verehrt, und die bisherigen Kulte außerhalb Jerusalems sind abzuschaffen. So bekam der König mehr und mehr das Monopol in die Hand, in entscheidenden Fragen allein mit Gott zu verkehren. Das entsprach durchaus der Denkweise einer unumschränkten Monarchie: Der König und einige Berater fällten ohne Reichstage oder Parlamente alle Entscheidungen. Doch etwas war anders als bei den Völkern der Umgebung. Salomo und seine Nachfolger fühlten sich nicht als Götter. Außerdem war die Institution Tempel keine eigenständige wirtschaftliche Macht, wie etwa in Ägypten. Aber in Jerusalem mußte der *König* die Kosten für Opfer und Verwaltung tragen. Infolgedessen wurde auch der Tempel keine eigenständige politische Kraft neben ihm.

Die außenpolitische Aktivität Salomos zeigte sich anscheinend vor allem in „politischen Heiraten". So wurde auch eine ägyptische Prinzessin seine Frau, für die er einen eigenen Palast baute.

Eine Anzahl seiner Frauen verehrte fremde Götter. Diese Gewohnheit behielten sie auch in Jerusalem bei. Ein Verbot wäre eine harte Strafe für Kriegsgefangene gewesen und kam für Prinzessinnen nicht in Frage. Daraus läßt sich schließen, daß es auch in Jerusalem Kulte fremder Götter gab. Später machte man das Salomo zum Vorwurf.

Man schrieb ihm zu, er könne Weisheitssprüche formulieren beziehungsweise dichten. Die „Weisheit Salomos" und das „Hohe Lied" der Bibel stammen aus viel späterer Zeit und wollen auf ihre Weise die Fähigkeiten Salomos aufgreifen.

Solange er lebte, blieb das Großreich seines Vaters im großen und ganzen erhalten. Freilich waren die Veränderungen auf dem Weg vom Stammesfürstentum zur unumschränkten Monarchie sehr groß. Das bedingte allerlei Unzufriedenheit, und das komplizierte Staatssystem schien allzu große Auseinandersetzungen nicht überstehen zu können. Nach Salomos Tod (926 v. Chr.) zerfiel das Großreich Davids in zwei Kleinstaaten. Salomos Sohn Rehabeam war als Nachfolger und König des Großreiches ausersehen gewesen. Aber im Nordteil des Reiches anerkannte man nicht die automatische Erbfolge Vater/Sohn. Man wollte vielmehr verhandeln. Zwar galt auch hier Rehabeam als der aussichtsreichste Kandidat, aber er brüskierte seine Verhandlungspartner. Daher erwählten sich die Stämme des Nordens nicht ihn zum König, sondern Jerobeam. Dieser hatte früher eine bedeutende Rolle am Hof Salomos gespielt, war aber schließlich geflohen. Jetzt kehrte

er als König des Nordreiches zurück — zweifellos kein Freund der davidischen Dynastie!
Das Nordreich nannte sich Israel, das Südreich nach seinem Hauptstamm Juda. Dieses Südreich wurde vom Jerusalemer Tempelkult zusammengehalten. Im Nordreich schuf bereits der erste König dieses Kleinstaats als Konkurrent und „Ausgleich" zwei Reichsheiligtümer: Bet-El und Dan. Da die meisten Bibeltexte aus dem Südreich stammen, ist in der Bibel von diesen beiden Reichsheiligtümern nur wenig die Rede. Aber nicht nur in Jerusalem, sondern auch hier wurde, gewissermaßen amtlich, Gott verehrt. Die beiden Heiligtümer des Nordreiches erhielten als Kultsymbol je ein Stierbild. Doch man betete diese „Goldenen Kälber" nicht an. Sie galten nur als Sinnbilder, nicht als Abbilder Gottes: Sinnbilder der Kraft und der Fruchtbarkeit.

Skepsis gegen David, Salomo und die Monarchie

Das Privatleben Davids und Salomos war nicht makellos und vorbildlich. Im Leben beider Könige hatten Frauen einen sehr negativen Einfluß ausgeübt.
David sah, wie Batseba auf ihrem Hausdach badete. Sie war die Frau des Urija, der gerade an der Front stand. Da ließ sie David zu sich kommen. Unter einem Vorwand rief er Urija zurück und wollte ihm das gemeinsame Kind Davids und Batsebas unterschieben. Doch Urija „ging nicht in sein Haus". Daher mußte er einen Brief an seinen militärischen Vorgesetzten überbringen, in dem folgendes befohlen war: Urija sollte im Gewirr des Kampfes von den eigenen Leuten verlassen werden, damit ihn der Gegner töten könne („Uriasbrief"). Als Urija auf diese Weise gefallen war, zog Batseba nach der vorgesehenen Trauerzeit zu David. Sie war und blieb seine Lieblingsfrau. Ihr zweiter Sohn Salomo wurde Davids Nachfolger. Nicht zuletzt sie war an der Intrige beteiligt, die Salomos Nachfolge durchsetzte.
Salomo selbst heiratete mehrere Ausländerinnen, die auch in Jerusalem ihre bisherigen Götterkulte beibehielten. Wie diese Königinnen, verehrte natürlich auch der Teil ihres Gefolges die heimatlichen Götter, der aus ihrer Heimat stammte. Salomo duldete all das mehr oder weniger freiwillig.

Der Einfluß von Frauen auf die Könige beeindruckte auch den Erzähler des Sündenfallberichts stark. Dieser Text wurde damals endgültig formuliert. Man erzählte seit langem, daß Eva den Adam zum Essen der verbotenen Früchte verführt habe. Gerade in einer Gesellschaftsform, die vom Ackerbau lebte und die noch viele Denkweisen vom patriarchalischen Nomadentum mitführte, konnte diese Überlieferung bis zur damaligen Zeit weitererzählt werden. Bedingt durch die eigene Umwelt, war man nun geneigt, diese alte Erzählung von der Urschuld der Frau aufzugreifen. Daß dieses Urteil später, zum Teil bis in unsere Tage, als überzeitlich betrachtet wurde und daraus allerlei Folgerungen für die Stellung der Frau in der Kirche gezogen wurden, steht auf einem anderen Blatt.

Doch das Mißtrauen und die Skepsis des damaligen Erzählers bezog sich nicht nur auf die Frauengeschichten der beiden Könige. Er stellte vielmehr den dunklen Horizont heraus, vor dem sich die prunkvollen Ereignisse Israels vollzogen: vor der allgemeinen Sündhaftigkeit, der jeder Mensch verfallen war. Sogar anscheinend so großartige Gestalten wie David und Salomo konnten sich der Sünde nicht entziehen. Die alte Erzählung vom Sündenfall wurde also in den Augen des damaligen Erzählers auch zu einem Dokument der Skepsis gegenüber David, gegenüber Salomo und gegenüber der neuesten Errungenschaft, der Monarchie.

Wohlstand und Brutalität

Es ist nicht sinnvoll, im folgenden alle Könige des Süd- und Nordreiches aufzuzählen — das Gewirr von Namen und Zahlen müßte jeden Leser abschrecken. Besser ist es, einige positiv oder negativ herausragende Persönlichkeiten darzustellen.

Im Nordreich wäre zunächst König *Omri* zu erwähnen (885—874 v. Chr.). Er war sehr tüchtig und erbaute die neue Hauptstadt Samaria. Durch seine Erfolge und seine Tüchtigkeit gelang es ihm, für kurze Zeit eine Dynastie zu begründen. Das war im Nordreich ein Ausnahmefall. Während im Südreich meist niemand die davidische Dynastie in Frage stellte, war im Norden die Thronnachfolge stets neu umkämpft.

Omri verheiratete seinen Sohn *Ahab* mit einer Prinzessin aus einem kanaanäischen Stadtstaat, mit Isebel von Sidon. Diese Heirat hatte politische Bedeutung.

Isebel versuchte einen starken Einbruch in die alte religiöse Tradition, da sie den Kult ihrer Heimat auch in ihrer neuen Umgebung stark förderte. Ahab (875—854 v. Chr.) stellte sich zwar nicht bedingungslos auf ihre Seite, sondern holte auch den Rat von Propheten ein, die Isebel erbittert bekämpfte. Doch in den Augen der biblischen Redaktoren war das zu wenig. Daher beurteilten sie Ahab sehr hart. Für sie spielte es keine Rolle, daß er den Wohlstand weiter förderte, Samaria ausbaute und das Nordreich fast zum ebenbürtigen Partner der Großmächte machte.

Unter Ahab erreichte die „Heirats-Politik" der Omri-Dynastie ihren Höhepunkt: Eine seiner Töchter, *Atalja,* wurde mit dem damaligen König des Südreiches verheiratet — eine enge Zusammenarbeit beider Reiche war die Folge.

Die biblischen Verfasser stellten Elija als Ahabs Gegenspieler heraus. Elija habe entschieden gegen den Baal-Kult gekämpft, den Isebel förderte. Ein ganzer Erzählungskranz über Elija fand Aufnahme in den Bibeltext. Elija galt schließlich als Retter der echten Gottesverehrung, der zum Himmel entrückt wurde. Später erwartete man ihn als Boten des Messias. Von dieser Erwartung zeugen auch einige Motive des Neuen Testaments, so die Meinung vieler, Jesus sei der wiedergekommene Elija, die Erscheinung des Elija in der Erzählung von Jesu Verklärung, das Mißverständnis, Jesus habe bei seinem Tod nach Elija gerufen.

Als Ahab gefallen und sein und Isebels Sohn getötet worden war, beseitigte der neue Herrscher in einem gewaltigen Blutbad das „Haus Ahab": Isebel selbst wurde zum Fenster hinausgestürzt; ihre Leiche wurde von Hunden gefressen.

Isebels Tochter Atalja, die mit einem König des Südreiches verheiratet worden war, brachte das religiöse Erbe ihrer Mutter auch ins Südreich: einen Baal-Kult. Zunächst verstand Atalja, großen Einfluß auf die Regierung ihres Mannes zu nehmen. Nach dessen und ihres Sohnes Tod ließ sie alle Angehörige der königlichen Familie töten, bemächtigte sich selbst des Thrones und regierte sechs Jahre (842—836 v. Chr.) lang. Doch dieser Verstoß gegen die religiösen Traditionen des

Südreichs war zu stark; eine Frau als König, die zudem fremde Kulte förderte! Ein Putsch stürzte Atalja. Vor allem Priesterkreise waren führend an diesem Putsch beteiligt, da sie ja der Religionspolitik Ataljas nicht zustimmen konnten. König wurde der einzige, der einst ihrem Ausrottungsbefehl entkommen war: Joasch.

„Wirtschaftswunder" und Scheitern des davidischen Reichsgedankens

Unter König *Asarja* (779—738 v. Chr.?) scheint das Südreich eine Blütezeit erlebt zu haben. Militärische Erfolge, Befestigung des Hafens Elat und Bauten werden berichtet. Auch das Nordreich unter Jerobeam II. erlebte damals eine Blütezeit. Vor allem ein Gegner konnte damals zurückgedrängt werden, der stark auf Israel drückte: Das Reich der „Aramäer von Damaskus", das nördlich des Nordreichs lag. Unter David stand es noch unter der Oberhoheit Jerusalems. Aber bereits Salomo konnte nicht verhindern, daß es sich selbständig machte. Mit der Zeit war es zur größten Macht in Palästina/Syrien geworden und bedrängte Israel immer wieder.

Doch nun war die militärische Lage anders geworden. Das Reich von Damaskus konnte nicht mehr seine Hauptkraft im Kampf gegen Israel einsetzen. Denn eine neue Großmacht war aufgetreten: Assyrien. Sie war den Kleinstaaten weit überlegen.

Das Kernland Assyriens war der nördliche Teil des Landes zwischen Eufrat und Tigris. Schon seit vielen Jahrhunderten bestand hier eine starke und schlagkräftige Macht. Das Reich dehnte sich immer weiter aus und erreichte seit dem Ende des neunten Jahrhunderts vor Christus auch Palästina/Syrien. Längst mußte das Nordreich Israel an Assyrien Tribut zahlen. Doch im Jahre 800 vor Christus wurde der assyrische Druck in Palästina/Syrien wesentlich stärker: Der König von Damaskus wurde zur Unterwerfung gezwungen. Durch diesen „Zweifrontenkrieg" — das Nordreich Israel im Süden, Assyrien im Nordosten — schwand der Druck des Aramäerreichs auf Israel mehr und mehr.

Der bedeutendste Unterschied gegenüber früheren Jahrhunderten war: Palästina/Syrien war künftig noch weniger als bisher ein Gebiet, in dem selbständig Politik getrieben werden konnte. Die Politik *fremder* Großmächte entschied.

Noch einmal wollten sich die palästinensischen Kleinstaaten der Großmacht Assyrien entgegenstemmen. Doch das Südreich Juda wollte sich nicht an dieser Aktion beteiligen. Daher wandten sich das Reich von Damaskus und das Nordreich Israel erst einmal gegen diesen Staat („syrisch-efraimitischer Krieg"), bevor sie gegen Assyrien auftraten. König des Südreiches war damals *Ahas* (736—721 v. Chr.). Gegen den Rat Jesajas wandte sich Ahas an den König von Assyrien um Hilfe, übersandte ein „Geschenk" aus dem Tempel- und Palastschatz und bezeugte seine Unterwerfung. Das wäre an sich nicht nötig gewesen; der assyrische König war ohnehin dabei, die Gegner Assyriens zu unterwerfen. Doch er nahm das „Geschenk" gerne an. Er unterwarf das Reich von Damaskus. Vom Nordreich Israel ließ er neben dem Stadtstaat Samaria nur wenig Gebiet selbständig. In den eroberten Gebieten wurde die Oberschicht deportiert und statt ihrer eine neue Oberschicht aus anderen Teilen des assyrischen Reiches angesiedelt.

Schon nach einigen Jahren stellte der Rest des Nordreiches Israel die Tributzahlungen an Assyrien ein und knüpfte politische Verbindungen mit der Großmacht Ägypten an. Der neue König Assyriens, Salmanassar V., konnte das nicht hinnehmen. Er belagerte Samaria, sein Nachfolger Sargon II. eroberte es im Jahre 722/1 vor Christus und gliederte Samaria in das assyrische Reich ein. Auch hier wurde die Oberschicht „ausgewechselt". Die neue, fremde Oberschicht brachte natürlich auch ihre Religionen und Gebräuche mit; das Nordreich wurde fast ein heidnischer Staat. Die bisherige Form des Reiches war untergegangen; damit war das Großreich Davids endgültig zerbrochen.

Die biblischen Texte geben keinen Geschichtsbericht über alle Einzelheiten. Außerdem stammen die meisten von ihnen aus dem Südreich. Oft ist es sehr schwierig, „zwischen den Zeilen" die historischen Vorgänge zu erkennen. Denn die Verfasser wollten nicht die politischen Verhältnisse schildern, sondern das Schicksal derjenigen Form der Gottesverehrung, die man später für allein richtig hielt. So wurde immer wieder über Tempel und Tempelschatz gesprochen; Könige wurden danach beurteilt, ob sie „taten, was dem Herrn gefiel". Die

politischen und militärischen Erfolge oder Niederlagen derselben Könige wurden daneben oft nur beiläufig erwähnt, beispielsweise als göttlicher Lohn oder als Strafe.
Die biblischen Texte identifizierten sich also nicht mit den konkreten Staaten. Meist hatten ihre Verfasser das Königtum nicht mehr erlebt, sondern stammten aus späteren Jahrhunderten. Ihr Ideal war der Staat, wie er ihrer Ansicht nach sein *sollte*, aber allzuoft nicht war.

Weisheitsdichter

Es gab auch Schriftsteller der damaligen Zeit, die weder in großen Zusammenhängen dachten noch chronikartige Beschreibungen lieferten. Es lag ihnen auch fern, sich mit Einzelheiten des Tempelgottesdienstes sowie mit allerlei juristischen und kultischen Vorschriften zu beschäftigen. Viele von ihnen gehörten zum Kreis der Hofbeamten. Ihr literarisches Ideal waren knappe Sprüche, die man sich leicht merken konnte. In ihnen drückten sie ihre Lebenserfahrung aus. Derartige Werke kennen wir nicht nur aus den beiden Reichen Israel und Juda, sondern auch aus der damaligen Umwelt, zum Beispiel aus Ägypten.
Unter „Glück" oder „Unglück" verstanden sie die ordnungsgemäße Weiterführung der Verhältnisse. Eine harte Kritik an den Zuständen war in diesen Kreisen nicht ausgebildet, höchstens eine zurückhaltende Kritik an dieser oder jener Person „zwischen den Zeilen". Zahlreiche Anspielungen sind uns heute nicht mehr verständlich.
Die Eigenart der Weisheitssprüche unterscheidet sie sehr stark von anderen Bibeltexten — auch von den meisten der heute im Gottesdienst verlesenen. Wenn man also in einem Überblick über Israels Geschichte nicht nur abstrakt von „Weisheitstexten" reden will, muß man einige Beispiele nennen. Die einzelnen Sprüche sind in sich geschlossene Einheiten; mit ihrem biblischen Zusammenhang stehen sie meist nur in lockerer Verbindung. Die Sammlungen sind meist erst viele Jahrhunderte nach der Zeit der Monarchie entstanden — doch die ältesten Einzelsprüche mögen in ihrem Kern bis in die frühe Königszeit, manche sogar noch bis in die Zeit Salomos, zurückgehen. So lesen wir heute etwa:

> „Nichts nützen unrecht erworbene Vorräte — aber Gerechtigkeit rettet vor dem Tod."

„Besser ist wenig in Gerechtigkeit, als viele Einkünfte mit Unrecht."

„Ein Ehrenkranz ist graues Haar; auf dem rechtschaffenen Weg findet man es."

„Unglück für seinen Vater ist ein untauglicher Sohn. Eine stets tröpfelnde Dachtraufe sind Streitereien einer Frau."

„Die Gunst des Königs ruht auf einem einsichtigen Diener — doch sein Zorn wendet sich gegen den, der Schande bringt."

„Pläne mißlingen ohne Beratung — aber wo es viele Ratgeber gibt, gelingen sie."

„Wer mit seinen Worten zurückhält, ist einsichtig. Wer kühles Blut bewahrt, ist ein kluger Mann."

All das erinnert an bürgerliche Betulichkeit und an Wohlverhalten. Das Lebensgefühl der meisten Verfasser dürfte auch so ähnlich gewesen sein.

In die Bibel aufgenommen wurden keineswegs alle Weisheitssprüche dieser Art. Erst nachdem sie in Zusammenhang mit religiös-ethischen Grundfragen gestellt worden waren, fanden sie diesen Weg. Die angeführten Beispiele stammen aus dem ältesten Teil des biblischen „Buches der Sprichwörter".

Propheten

Im Unterschied zu den Weisheitslehrern übten die Propheten oft eine scharfe Kritik am Bestehenden. Sie haben zukünftige Entwicklungen angedeutet — aber sie waren nicht banale Vorhersager. In unserer Sprache denkt man oft nur an diese Tätigkeit, so wenn man von „Wetterprophet" spricht oder die Frage stellt: „Bin ich denn ein Prophet?" Die klassischen biblischen Propheten waren viel, viel mehr. Sie erlebten sich als von Gott gerufen; sie stellten kritisch Denkweise und Pläne des Hofes, der Priesterschaft und großer Teile des Volkes in Frage. Einerseits waren sie äußerst konservativ: Ihr Ideal war die Religion der Halbnomaden. Die Einbeziehung fremder Götter in die Religiosität Israels lehnten sie erbittert ab, wie einst Elija. Andererseits waren sie äußerst fortschrittlich: Sie ließen sich nicht blenden durch die bestehenden religiösen Institutionen, durch den prachtvollen Tempelkult, durch Königtum und Priesterschaft, durch den Prunk der staatlichen Politik. Auch religiöse Formeln beeindruckten sie nicht, wie etwa der Hinweis, daß Gott Jerusalem zur Hilfe eilen *müsse*, da hier ja sein Tempel stehe. Da sie all das nicht überzeugte, konnten sie oft sehr scharf König, Tempelkult und Volk angreifen.

Diejenigen Propheten, deren Texte in der Bibel stehen („Schriftpropheten“), sind nur ein Ausschnitt aus einer breiten Bewegung voller Enthusiasmus. In dieser Bewegung gab es auch Gegensätze; es gab sogar „Berufspropheten“, die vermutlich vom Staat beziehungsweise vom Tempel angestellt waren. Kritische Propheten, wie etwa Amos, wollten mit ihnen keineswegs verwechselt werden.

Zu Lebzeiten stießen diese prophetischen Kritiker auf Ablehnung, Unverständnis, Widerstand, manchmal sogar auf Verfolgung. Doch später mußte man erkennen, wie recht sie gehabt hatten. Man nahm die Äußerungen der Propheten in die Bibel auf. Obwohl nach der Rückkehr aus dem babylonischen Exil der Tempelkult wieder auflebte, überlieferte man auch Äußerungen der Propheten gegen den Kult.

Die prophetische Tradition wirkte lange nach. Auch Jesus trug viele prophetische Züge.

Die ältesten Schriftpropheten waren Amos und Hosea. Beide wirkten vor dem Zusammenbruch des Nordreichs und waren dort tätig.

Amos stammte aus dem Südreich und erregte bereits dadurch Widerstand, daß er die Angelegenheiten eines fremden Staates kritisierte und im Nordreich tätig war. Er wirkte während des wirtschaftlichen Aufschwungs und gebrauchte scharfe Ausdrücke gegen die Reichen, gegen die Bestechlichkeit der Richter:

> (Gott spricht:) „Wehe denen, die das Recht in Wermut verwandeln: Ihr werft die Gerechtigkeit zu Boden. Ihr nehmt Bestechungsgelder. Daher, weil ihr den ‚kleinen Mann‘ mit Füßen tretet und dennoch von ihm Getreideabgaben erhebt, könnt ihr euch ruhig Häuser aus behauenen Steinen bauen — wohnen werdet ihr nicht darin!“

> (Gott spricht:) „Ich hasse eure Feste und will nichts von ihnen wissen. Eure Festfeiern kann ich nicht riechen. Hört doch auf mit eurem Singsang!“

Etwas später als Amos war *Hosea* tätig. Der Wohlstand war bereits ein Stück zurückgegangen. Doch Anlässe für prophetische Kritik gab es in Hülle und Fülle. Dieses Volk solle mit Gott in Verbindung stehen? Hosea deutete seine eigene Ehe als „sinnbildliche Handlung“: Er band sich an eine Dirne — wie Gott sich an die „Dirne“ Israel gebunden hatte. Hoseas Söhne bekamen symbolische Namen, wie „Nicht-mein-Volk“. Derartige „symbolische Handlungen“ mußten als starke Provokation wirken.

Das Prophetentum in dieser Form gab es nur in Israel und Juda — eine genaue Parallele bei Völkern der Umgebung ist unbekannt. Ihre Mahnungen beschränkten sich nicht auf den „innerlichen“ Bereich, sondern hatten oft politische und historische Tragweite.

In den Zusammenhang der Katastrophe des Nordreiches wurde der Prophet *Jesaja* (erster Teil des biblischen Buches, Kapitel 1—39) hineingerissen. Er war im Südreich tätig und gehörte vermutlich zur Jerusalemer Oberschicht.

Als sich das Südreich nicht der militärischen Aktion der Kleinstaaten Palästina/Syriens gegen Assyrien anschloß, wandten sich diese gegen das Südreich. Schließlich vertraute der dortige König, Ahas, nicht mehr auf Gott, sondern auf den König von Assyrien und erbat dessen Hilfe gegen diese Gegner. Jesaja hatte davon abgeraten. Doch zunächst schien der Erfolg dem Ahas Recht zu geben: Der Druck der Gegner wurde von Assyrien beseitigt und das Nordreich unterworfen. Aber die Bevölkerung des Südreiches geriet völlig unter den kulturellen und religiösen Einfluß Assyriens. Der König selbst opferte einen Prinzen einem assyrischen Gott (Moloch).

Unter Ahas‘ Nachfolger konnte sich Jesaja wenige Jahre lang durchsetzen. Der neue König wandte sich gegen die assyrische Großmacht, ein assyrisches Heer mußte schlagartig die Belagerung Jerusalems abbrechen. Auch die religiösen Einflüsse Assyriens wurden zurückgedrängt. Doch später wurden die früheren Beziehungen zu Assyrien wiederhergestellt und Jesajas Anregungen nicht mehr beachtet.

Fast zur gleichen Zeit war auch *Micha* tätig. Wie Jesaja, war auch er ein scharfer Gegner der Religionspolitik des Ahas. Wir hören, daß er in Jerusalem sogar mißhandelt und eingekerkert worden sei — das Schicksal der prophetischen Kritiker konnte lebensgefährlich sein.

Die Zentralisation des Kultes in Jerusalem

Im Südreich wurde die Frage immer brennender: Assyrischer Satellitenstaat oder kulturell/religiöse Selbständigkeit? Diese Selbständigkeit war unter anderem auch das Ziel der Reformen unter König *Joschija* (638—609 v. Chr.).

Die Großmacht Assyrien verlor damals mehr und mehr ihre alte Bedeutung. Daher beseitigte Joschija ohne assyrische Gegenwehr die aufgezwungenen kultischen Formen. Außerdem versuchte er, das Großreich Davids neu zu begründen und Schritt für Schritt die entsprechenden Gebiete zu erobern. Das gelang ihm nicht völlig; aber er konnte auch Gebiete unterwerfen, die nie zu Davids Reich gehört hatten.

Die Bedeutung der Reichshauptstadt Jerusalem wurde deutlicher herausgestellt. Im Jahre 621 vor Christus fand man ein Buch, das dem König vorgelegt wurde. Vor allem wurde darin betont, daß *nur* der Jerusalemer Kult legitim sei. Diese Behauptung versteht man besser, wenn man sich an das Folgende erinnert: Die amtlichen Kulte des Nordreiches waren mit dem Nordreich verschwunden. Ferner waren aus der assyrischen Religiosität übernommene Denkweisen und Kultgebräuche weit verbreitet; es war leichter, sie in Jerusalem zurückzudrängen als an vielen kleinen Kultstätten.

Wieweit das damals aufgefundene Buch heute noch aus der Bibel rekonstruiert werden kann, und wieweit seine Vorschriften in Kreisen der Jerusalemer Priesterschaft überarbeitet wurden, ist heftig umstritten. Zweifellos hing mit ihm die Entstehung des biblischen Buches „Deuteronomium“ (=fünftes Buch Mose) und die „deuteronomistische“ Bearbeitung vieler anderer Bibeltexte zusammen. Im Geist des neuen Fundes wurden Nachrichten über Kulte außerhalb Jerusalems unterdrückt, verkürzt oder abgewertet und die Könige entsprechend beurteilt. Doch der Fund enthielt nicht nur damals aktuelle Anschauungen, sondern auch altes Material. Manches davon stammte wohl aus dem zerstörten Nordreich.

Anders als im kultischen Bereich, scheiterten schließlich die politischen und die militärischen Reformen dieses Königs. Ein größerer, selbständiger Staat in diesem Gebiet war nicht nur für die assyrische Politik unerwünscht, sondern auch für die ägyptische. Denn mit dem Sinken des assyrischen Einflusses in Palästina/Syrien war der Einfluß der Großmacht Ägypten gewachsen. Eine selbständige Außenpolitik war in diesem Raum unmöglich, allein die Großmächte bestimmten. In einem Kampf mit dem Pharao Necho fiel Joschija im Jahre 609 vor Christus.

Im Nordosten war an die Stelle der Assyrer jetzt das neubabylonische Reich getreten. Das Kernland *Babyloniens* liegt wie Assyrien zwischen Eufrat und Tigris, jedoch südlicher. Auch hier bestand schon eine jahrhundertalte Kultur. In häufigen Auseinandersetzungen mit Assyrien war das „Großreich Babylon" seit Jahrhunderten einmal mehr, einmal weniger zurückgedrängt worden. Doch nun war Assyrien erobert und das neubabylonische Reich entscheidend geworden. In Palästina/Syrien war dieser Wechsel von zweitrangiger Bedeutung. Es blieb dabei, daß eine Großmacht aus dem „Zweistromland" entscheidend eingriff. Auch die kulturellen und religiösen Unterschiede zwischen beiden Reichen waren gering.

Das Ende des Südreiches und die Zerstörung Jerusalems

Die schwerste Zeit des Südreichs und die Biographie des *Jeremia* sind so eng miteinander verbunden, daß man am besten beides zugleich erzählt. Jeremia war übrigens ein prophetischer Kritiker, der selbst aus der Oberschicht stammte.

Der ägyptische Pharao setzte nach dem Tod des Königs Joschija einen von dessen Söhnen als Satellitenkönig in Jerusalem ein und änderte sogar dessen Namen. Das galt als eindrucksvolles Zeichen der Oberherrschaft.

Doch die ägyptische Vormacht wurde schon nach wenigen Jahren gebrochen. Der neubabylonische Kronprinz Nebukadnezzar erzwang durch einen Sieg über Ägypten einen maßgebenden Einfluß des neubabylonischen Reiches auch in Palästina/Syrien. Wohl oder übel mußte der ägyptische Satellitenkönig in Jerusalem nun eine babylonienfreundliche Politik treiben. Doch seine Sympathie galt weiterhin Ägypten. Darin bestärkten ihn antibabylonische Gruppen, die zum Teil sehr reaktionär waren.

Jeremia riet zur Unterwerfung unter das neubabylonische Reich. Das war in ihren Augen eine „zersetzende“ Denkweise. Sie argumentierten nicht nur politisch, sondern auch religiös: Tempel und Gottes Hilfe gewähren völlige Sicherheit, auch gegenüber Babylonien. Hatte Gott nicht bereits früher seine Überlegenheit gezeigt? Es kam zu harten Auseinandersetzungen: Jeremia wurde verfolgt, verhaftet, geprügelt, gefoltert. Man machte einen Mordanschlag auf ihn und hielt ihn in einer Schlammgrube gefangen, in der er umkommen sollte. Der König verbrannte die Werke des Propheten.

Schließlich wandte sich der Jerusalemer König vom neubabylonischen Reich ab und glaubte, Ägypten wäre als militärische Hilfe gegen diese Macht stark genug. Nebukadnezzar war inzwischen selbst König von Babylonien geworden. Er veranlaßte zunächst eine militärische Strafaktion der Nachbarstaaten gegen Israel. Schließlich kam er selbst.

Jeremia galt im belagerten Jerusalem als ein Sympathisant der Babylonier, also als Hochverräter. Im Jahre 597 vor Christus eroberte Nebukadnezzar die Stadt und deportierte den Sohn und Nachfolger des Jerusalemer Königs sowie große Teile der Oberschicht (erste Deportation nach Babylonien).

Auch Nebukadnezzar setzte in Jerusalem einen Satellitenkönig ein und gab ihm einen neuen Namen. Er stammte aus davidischem Geschlecht. Dieser neue Jerusalemer König, *Zidkija*, geriet in die Auseinandersetzung am Hof: Ägypten oder Babylonien? Jeremia war konsequent für eine Unterwerfung unter das neubabylonische Reich. Die erlebten Ereignisse hätten eigentlich den Ägyptenfreunden zeigen müssen, gegen welche Großmacht sie intrigierten, und wie wenig die Hilfe Ägyptens wert war. Doch sie waren unbelehrbar und verstanden ihren Einfluß zu verstärken. Es gelang ihnen, das Volk zu überreden und Jeremia als Verräter zu diffamieren.

Schließlich kündigte Zidkija dem neubabylonischen Reich die Treue. Wenig später kamen Nebukadnezzars Truppen und belagerten Jerusalem. Kurzfristig mußten sie ägyptische Verbände abwehren, aber sie waren ihnen weit überlegen. Die Belagerung wurde fortgesetzt und Jerusalem schließlich im Jahre 587 vor Christus erobert. Zidkija versuchte zu fliehen, wurde aber aufgegriffen. Seine Söhne wurden vor seinen Augen getötet, dann er selbst geblendet und in Ketten deportiert. Jerusalem wurde geplündert, der Tempel zerstört. Die Reste der Oberschicht und Teile der Jerusalemer Bevölkerung wurden de-

portiert (zweite Deportation nach Babylonien). Das bisherige Südreich wurde zur neubabylonischen Provinz.
Im Gegensatz zur Deportation der Oberschicht des *Nordreichs* durch die Assyrer vor fast eineinhalb Jahrhunderten wurde in Jerusalem keine neue Oberschicht angesiedelt. Selbst der babylonische Gouverneur stammte aus dem Lande und war mit Jeremia befreundet. Die Leidenszeit des Propheten schien zu Ende zu sein. Doch der Statthalter wurde ermordet. Die Mörder und ihre Freunde fürchteten Nebukadnezzar und flohen nach Ägypten. Sie zwangen Jeremia, mit ihnen zu fliehen. Danach erfahren wir weder über Jeremia noch über Nebukadnezzars Reaktion Näheres.
Auch im Südreich war also das Königtum untergegangen — am Ende in einer Woge illusionärer und fanatischer Politik. Man kann sich fragen, ob das Königtum nicht ein Fehlweg war. Biblische Texte, die es rühmen, orientierten sich meist nicht an seiner wirklichen Gestalt, sondern an einem Idealbild.

Im Exil

Das Erlebnis dieser Katastrophe prägte viele Generationen. Viele Texte des Alten Testaments wären nicht recht verständlich, wenn man vergessen würde: Die betreffenden Verfasser hatten das schreckliche Erlebnis des Untergangs mancher Hoffnungen hinter sich und erzählten immer wieder davon. Einige Erinnerungen an diese Exilszeit formen sogar noch heute das Bewußtsein vieler Bürger des Staates Israel mit.
Vom Exil bis zur Neuzeit war kein Staat um Jerusalem mehr eine eigenständige politische Macht gewesen. Zwar gab es auch später noch Zeiten der formalen Unabhängigkeit — aber in Wirklichkeit machten andere Mächte die Politik. Wenigstens zu Davids Zeiten war das anders gewesen. Doch die politische „Windstille" der Großmächte um Palästina war längst verschwunden. Damals konnte David noch ein Großreich aufbauen, ohne daß Großmächte stark genug waren, hier einzugreifen.
Auch im Neuen Testament spürt man immer wieder die „nachexilische Denkweise": Da wurde zum Beispiel Jesus gefragt, wann er das Reich

Israel wiederherstelle. Zu Jesu Zeiten gab es Kräfte, die wieder die politische Unabhängigkeit erkämpfen wollten. Wir lesen im Neuen Testament von einem „neuen Jerusalem", einem „himmlischen Jerusalem".

In der Exilszeit sammelte man die Erinnerungen an die große Vergangenheit. Man schrieb die alten Überlieferungen nieder, formte sie neu und durchdachte sie immer wieder.

Die meisten Deportierten waren nicht eigentliche Kriegsgefangene, sondern sie galten als Bevölkerung minderen Rechts. Sie konnten sich frei bewegen, Häuser bauen, heiraten und sich zu religiösen Gemeinden zusammenschließen. Bei ihren Gottesdiensten wurden dann die alten Überlieferungen vorgelesen.

Manche Deportierte mögen sich der Umwelt angeglichen haben und in ihr aufgegangen sein. Doch viele bildeten eine geschlossene Gruppe, die eng zusammenhielt. Diese Gruppe war klein, denn die Mehrzahl der Bürger Jerusalems war in Palästina geblieben. Die Deportierten stammten aus der Oberschicht des früheren Südreichs. Man kann also nicht einfach die Deportierten als „die" Juden bezeichnen. Doch für die Folgezeit war diese kleine Gruppe entscheidend. Sammlung, Umformung und Niederschrift unserer Bibeltexte geschah zu einem großen Teil in diesen Kreisen.

Sie hatten vor allem drei Probleme: Wodurch wird unsere Gruppe im fremden Land zusammengehalten? Was soll künftig geschehen? Wie konnte es zu dieser Katastrophe kommen?

Der Zusammenhalt der Gruppe wurde durch allerlei Gebräuche sichergestellt, durch die sich die Juden von anderen Bewohnern Babyloniens unterschieden. Vor allem die Beschneidung war ein solches Kennzeichen; auch der Ausbau der Sabbatvorschriften grenzte die Gruppe nach außen ab. Auch wurde man sich in der fremden Umgebung klarer als bisher, daß man zu einem gemeinsamen Volk gehörte, nicht zu den anderen Völkern. Das Exilserlebnis verstärkte das Gruppenbewußtsein.

Je mehr man erlebte, wie richtig die Kritik der Propheten am Königshaus gewesen war, desto weniger hielt man von der leiblichen Erbfolge Davids. Das „Haus David" galt zwar den meisten noch als diejenige Großfamilie, die einst auch das neue Israel regieren werde. Doch welcher Sohn welcher Generation dieser Herrscher war, blieb offen. Man hoffte auf einen gottgesandten späteren König, den *Messias*. Für diese Hoffnung gab es zahlreiche Anknüpfungspunkte in vorexilischen Äußerungen; aber erst jetzt griff man sie entschieden auf. Gott konnte ja sein Volk nicht für immer im Dunkel lassen, sondern mußte es irgendwie wieder einmal befreien!

Das Exil betrachtete man als Gottes Strafe. Offenbar war der Gott Israels nicht den militärischen Machtmitteln der anderen überlegen gewesen — oder wollte er sich gar nicht überlegen zeigen? Die Götter der anderen Völker existierten ja gar nicht, sondern nur dieser eine. Diese Auffassung („Monotheismus") war bereits vor dem Exil in einigen Kreisen verbreitet und hatte die ältere Auffassung abgelöst. Früher hatte man sich den eigenen Gott zwar als den mächtigsten aller Götter vorgestellt, aber nur als einen von ihnen. Doch nun betrachtete man die anderen Götter als „Nichtse" — es wäre also eine Kleinigkeit für ihn gewesen, seine Macht zu zeigen! Er tat es nicht; die Propheten hatten Recht gehabt. Dabei dachte man weniger an ihre Kritik des Kultes, sondern vielmehr an ihre Kritik an Königshaus und Hof.

Die Kultkritik der Propheten wurde sogar mehr und mehr aus dem Bewußtsein verdrängt und die Kultzentralisation in Jerusalem als Ideal angesehen. Zur deportierten Oberschicht gehörten ja nicht nur Militärs und Verwaltungsleute, sondern auch die Spitzen der Jerusalemer Priesterschaft. Wenn man nun die alten Überlieferungen unter der Voraussetzung „Kultzentralisation in Jerusalem" las, fand man in ihnen allerlei Verfehlungen gegen dieses Prinzip. Damit schien vielen Deportierten die tiefere Ursache des Exils klar zu sein. Besonders in priesterlichen Kreisen dachte man nun immer wieder über einen gottgefälligen Kult nach. So kam man in diesen Kreisen zu einer Lebensweise, in deren Mitte das Denken an „Tempel und Gottesdienst" stand.

Ezechiel

Unter den Deportierten war auch der Priester Ezechiel, der sein prophetisches Wirken wohl erst in Babylonien begann. Wieweit das biblische Buch „Ezechiel" vor allem *seine* Worte enthält, ist umstritten. In diesem Buch gibt es nämlich allerlei Wiederholungen und Unterschiede zwischen fast gleichlautenden Sprüchen sowie Texte aus nichtjüdischer Quelle. Doch der große Teil des biblischen Buches gibt wohl die Denkweise größerer Deportiertenkreise wieder.

Ezechiel wandte sich heftig gegen die Hoffnung auf eine Wende in allernächster Zeit. Vielleicht schrieb er derartige Worte zwischen den beiden Deportationen nach Babylonien, und vielleicht hofften manche, die bei der ersten Deportation nach Babylonien gehen mußten, daß es nicht zur völligen Eroberung Jerusalems oder gar zur Zerstörung des Tempels käme.

Im Buch Ezechiel wird Gott nicht mehr als oberster Scheich oder als höchster König angesehen. Man hielt ihn vielmehr für „überweltlich", „jenseitig". Die Katastrophe hatte das alte Gottesbild als unzureichend entlarvt. Für die Zukunft hoffte man darauf, daß Gott mit großer Herrlichkeit eingreife — weniger auf sein Volk bedacht, als auf diese Herrlichkeit. Gott werde dabei von einem prächtigen und geheimnisvollen Hofstaat, zum Beispiel von Engeln, begleitet. Die Aufgabe der Menschen wäre dann, Gottes Herrlichkeit zu steigern. Vor allem aber sei das Aufgabe der Juden. Man liest:

> „Oberhalb des Himmels über ihren (= der Cherubwesen) Häuptern war etwas wie ein Saphirthron. Auf diesem Thron saß jemand, der aussah wie ein Mensch. Wie ein Regenbogen, der an einem Regentag in den Wolken entsteht, war der Glanz um ihn: ein Anblick wie die Herrlichkeit des Herrn. Ich sah es und fiel auf mein Angesicht. Dann hörte ich eine Stimme sprechen".

Neben diesem neuen Gottesbild stand ein neues Bild von seinem Volk. Anknüpfend an Aussagen aus der Zeit vor dem Exil, verstand sich die Deportiertengruppe mehr und mehr als „heiligen Rest". Während das Volk anscheinend unterging, sollte sich dieser Rest erhalten. Man hoffte, er werde weiterhin Träger von Gottes Segen sein.

In den Zukunftserwartungen mischten sich Züge einer Erwartung für die Zeit einiger Jahre mit Hoffnungen für die Endzeit. Packend schildert das Buch Ezechiel, wie dürre Totengebeine belebt werden. Ebenso soll das davidische Großreich neu belebt werden. Aber auch von einem endgültigen Sieg Gottes ist die Rede.

In diesem biblischen Buch spielen Visionen eine wesentlich größere Rolle als bei den vorexilischen Propheten. Diese Denkweise können wir heute nicht mehr nachvollziehen. Aber wir verstehen sie leichter, wenn wir uns an folgendes erinnern: Sie stammen aus der Zeit einer geistigen Hochspannung mit bohrenden Fragen, wie: „Warum?“, „Wie lange?“ und „Ist Gott noch immer mächtig?“

Ende des neubabylonischen Reiches. Deuterojesaja

In der Außenpolitik des neubabylonischen Reiches bahnten sich Veränderungen an, die auch die Gruppe der Deportierten betreffen sollten.

Der Perserfürst Cyrus stürzte, verbunden mit dem neubabylonischen König, den König der Meder. Darauf ließ er sich zum König von Persien *und* Medien ausrufen und vergrößerte durch weitere Eroberungen sein neugeschaffenes Reich noch beträchtlich. Aus einem Verbündeten des neubabylonischen Königs war ein gefährlicher Rivale geworden.

Die Sympathie der aus Jerusalem Deportierten gehörte Cyrus. Ein Prophet begrüßte ihn, den Heiden, als Gottes Werkzeug und erwartete baldige Befreiung. Diese Rückkehr nach Jerusalem stellte er sich als neuen Wüstenzug vor, wie einst den Auszug aus Ägypten. Er erwartete ein neues, prächtiges Wiederaufleben Jerusalems und Israels. Einerseits knüpfte er dadurch an die alte prophetische Tradition an: „Gott wird das Volk retten!“ Andererseits gingen aktuelle Ereignisse in sein Denken ein: „Gott wird das Volk durch Cyrus retten!“

Den Namen dieses Propheten kennen wir nicht. Seine Worte wurden an den Text des vorexilischen Propheten Jesaja angehängt und bilden heute zusammen mit diesem und mit weiteren Bestandteilen das biblische Buch „Jesaja“. Jahrhundertelang betrachtete man den vorexilischen Propheten Jesaja auch als Verfasser dieses zweiten Teils des biblischen Buches, vom 40. Kapitel an. Heute sind sich fast alle Gelehrten darin einig, daß dieser zweite Teil von einem späteren Propheten stammt, der am Ende des Exils wirkte. Da man seinen Namen nicht kennt, nennt man ihn „Deuterojesaja“ (= „zweiter Jesaja“).

Die Hoffnung der Deportierten war so groß, daß Deuterojesaja sogar schrieb:

„Tröstet, tröstet mein Volk! So spricht euer Gott. Sprecht Jerusalem zu Herzen und ruft ihm zu: Sein Dienst ist vorbei!"

Der Prophet nannte Cyrus sogar Gottes „Gesalbten". Dieser Ehrentitel war bisher den eigenen Königen oder aber dem Messias vorbehalten gewesen. „Messias" bedeutet „Gesalbter"; „Christus" ist das griechische Wort dafür und war ursprünglich nicht Name, sondern Titel Jesu. Deuterojesaja nannte also Cyrus den „Christus seiner Zeit".

Eingestreut in solche Worte des Propheten sind die sogenannten Gottesknechtslieder. Dort wird vom „Knecht Gottes" gesprochen — wer genau gemeint war, ist nicht ganz klar. Mehrere Jahrhunderte später verstand das Frühchristentum diese Texte als Hinweise auf Jesus von Nazaret, sogar auf seine Passion.

Die hochgespannten Erwartungen der jüdischen Deportierten schienen in Erfüllung zu gehen. Es dauerte nicht mehr lange, dann zerbrach das neubabylonische Reich. Sein letzter König hatte sich trotz des militärischen Drucks durch das persisch-medische Reich auch innenpolitisch scharfe und unversöhnliche Gegner geschaffen. Durch allerlei Kultreformen hatte er sich mit großen Teilen der babylonischen Priesterschaft zerstritten. Im Jahre 539 vor Christus fiel das neubabylonische Reich dem Cyrus zu, ohne daß er Babylon blutig erobert hätte. Viele, vor allem viele babylonische Marduk-Priester, begrüßten ihn als Befreier.

Auch auf die deportierten Juden muß dieses Ende des neubabylonischen Reiches einen gewaltigen Eindruck gemacht haben. Noch mehr als dreihundert Jahre später versuchte man, diesen Eindruck zu schildern. Man erzählte: Dem neubabylonischen König Belschazzar sei bei einem Festmahl eine Hand erschienen, die geheimnisvolle Zeichen an die Wand schrieb. Nur Daniel habe sie entziffern können. Es sei die Androhung vom Ende des neubabylonischen Reiches gewesen, das den Medern und Persern gegeben werde. Dieses „Menetekel" erschien nie an der Wand — so hieß zum Beispiel der letzte neubabylonische König anders. Aber dem Verfasser des biblischen Buches Daniel ging es nicht um einen Abriß der Geschichte. Daher konnte er diese Erzählung in sein Buch aufnehmen. Denn sie läßt etwas von dem Eindruck spüren, den der Zusammenbruch des neubabylonischen Reiches auf die Juden in Babylonien machte.

Die Rückkehr der Juden aus dem Exil

Cyrus verfolgte eine völlig andere Kult- und Kulturpolitik als die Herrscher des neubabylonischen Reiches. Er und seine Nachfolger versuchten, für lange Zeit mit Erfolg, ihren Vielvölkerstaat auf folgende Weise zusammenzuhalten: Zwar behielten sie sich die militärischen, außen- und innenpolitischen Richtlinien und die maßgebenden Entscheidungen vor; aber in Kult- und Kulturfragen kamen sie ihren Untertanen weit entgegen.

Diese Politik des „persischen Weltreichs" war also anders als diejenige der älteren Großreiche des Vorderen Orients. In ihnen waren die Untertanen und Unterworfenen gezwungen worden, die religiöse Oberhoheit des Königs anzuerkennen und außer ihren eigenen auch die Götter der Großreiche zu verehren.

Die Dekrete dieses „Persischen Weltreichs" ergingen oft in mehreren Sprachen; für Palästina/Syrien war das eine Form des Aramäischen, das sogenannte Reichsaramäisch. Bereits vor der Exilszeit war es vielen Juden geläufig gewesen; mit dem Hebräischen war es eng verwandt. In den damals verfaßten biblischen Texten treten neben hebräische auch aramäische Abschnitte. Der Einfluß der aramäischen Sprache auf die hebräische war groß. Viele Forscher nehmen an, daß noch viele Jahrhunderte später Jesus eine Form des Aramäischen als Muttersprache gesprochen habe — natürlich war das nicht mehr das „Reichsaramäisch". Schon vor der Landnahme sprachen die meisten Israeliten (z. B. Abraham) aramäisch; hebräisch übernahmen sie erst von den bereits im Land Ansässigen.

Doch wichtiger als diese Sprachenfrage war für die Deportierten: Wegen der religiösen Toleranz der Herrscher des Perserreiches konnten sie an eine Neuerrichtung von Tempel und Tempelkult in Jerusalem denken. Sie konnten erreichen, daß Cyrus den Tempelbau anordnete — möglicherweise hat er ihn sogar subventioniert. Doch kehrten nun nicht etwa alle Juden von Babylonien nach Jerusalem zurück. Die babylonische Judenkolonie hatte noch lange nach der Zeit Jesu große Bedeutung für das spätere Judentum.

Es waren nicht „die" Juden, die sich um den Neubau des Tempels bemühten. Sicherlich lag es nur einem Teil nahe, sich „die gute alte Zeit" in Jerusalem als Ideal vorzustellen.

Sie brachten die Denkweise von Heimkehrern nach Jerusalem und hielten es für richtig, in vielem an die Verhältnisse der Zeit vor dem Untergang anzuknüpfen. In ihren Kreisen entstanden zum Beispiel die biblischen Bücher der Chronik sowie die Bücher Esra und Nehemia. Wir sind nicht gezwungen, dieser reaktionären Richtung zu folgen. Denn für uns Christen ist das Neue Testament entscheidend, das den religiösen Institutionen des Judentums einige Skepsis entgegenbrachte.

Der Wiederaufbau des Tempels in Jerusalem

Die erste Begeisterung der Rückkehrer schwand in Jerusalem schnell. Zwar wurden die Fundamente des neuen Tempelbaus gelegt; doch viel mehr unternahm man zunächst nicht. Sowohl die Rückkehrer als auch die in Palästina Gebliebenen kannten den alten Tempelkult fast nur noch aus den Erzählungen ihrer Großeltern. Inzwischen war ein Kult ohne Tempel entstanden; die Ortsgemeinden versammelten sich. Die alte Kultzentralisation war notgedrungen vorüber.
Aus derartigen Versammlungen entstand die Einrichtung der Synagoge. Je mehr das Judentum den Raum Jerusalems und Palästinas überschritt, desto wichtiger wurde diese Einrichtung. Auch ein Wiederaufbau des Tempels konnte sie nicht mehr verdrängen. Diese Versammlungen wurden nicht nur von Juden, sondern auch von Sympathisanten besucht und deshalb später ein wichtiger Stützpunkt der urchristlichen Mission.
Einen Wiederaufbau des Jerusalemer Tempels schätzte man auch in Samaria nicht. Seine Oberschicht bestand meist aus Nachkommen der dort von den Assyrern einst angesiedelten Nichtjuden. Jerusalem war verwaltungsmäßig Samaria unterstellt. Samarias Machtbereich wäre durch eine neue politische Größe, wie sie das wiedererbaute Jerusalem für diesen Bereich geworden wäre, beschränkt worden.
In Jerusalem forderten den völligen Wiederaufbau vor allem die Propheten *Haggai* und *Sacharja*. Sie nahmen nicht die alte prophetische Tradition der Kultkritik auf — im Gegenteil! Haggai sah den Grund für das Stocken des Wiederaufbaus vor allem in der subjektiven Gleichgültigkeit gegenüber dem offiziellen Kult, er schrieb:

„So spricht der Herr der Heerscharen: Dieses Volk sagt, die Zeit sei noch nicht gekommen, das Haus des Herrn zu bauen".

Inzwischen hatte der neue persische Herrscher, Darius, den Thron erst nach beträchtlichen Wirren erkämpfen können. Waren das schon Zeichen der Endzeit? Jedenfalls wurde der Tempelbau wiederaufgenommen; der damalige persische Gouverneur in Jerusalem war sogar Nachkomme Davids. In einigen Kreisen hegte man Hoffnungen auf die Wiederherstellung des alten Königtums.

Darius genehmigte ausdrücklich den Weiterbau des Tempels. Im Jahre 515 vor Christus wurde der Neubau feierlich eingeweiht, mehrere Jahrzehnte nach der ersten Welle der Rückkehrer. Der neue Tempel stand an der Stelle des alten salomonischen Bauwerks, war aber wesentlich bescheidener. Doch in Jerusalem gab es wieder ein gemeinsames Heiligtum.

Die Träume von der Wiederherstellung des alten Königtums erwiesen sich bald als Illusionen, je mehr Darius die Macht errang und je deutlicher man sah, daß die Endzeit nun doch nicht unmittelbar bevorstünde.

Aber die religiöse und juristische Macht kam nach Jerusalem — wenn auch die politische und militärische bei Persien verblieb. Der Oberpriester am Jerusalemer Tempel wurde religiöses Oberhaupt. Das war eine neue Entwicklung: In der Königszeit war das der König gewesen; die Priester waren nur seine Beamten.

Von den ersten Jahren in Jerusalem nach dieser Tempeleinweihung wissen wir nicht viel. Die Stadt war noch nicht befestigt und politisch immer noch von Samaria abhängig.

Die Priesterschrift

In dieser Zeit wurde vermutlich die „Priesterschrift" niedergeschrieben. Darunter versteht man gewisse Texte, die später bei der Bearbeitung der Mosebücher verwandt wurden. Der Ausdruck „Priesterschrift" stammt von der Fachwissenschaft und möchte ihre Eigenart kennzeichnen. Die wirklichen Verfasser kennen wir nicht.

Sie entstand Schritt für Schritt in der Auseinandersetzung mit der Umwelt; Erweiterungen wurden aufgenommen, ältere Überlieferungen umgearbeitet. Alte und älteste Traditionen waren bereits während des Exils gesammelt worden. Sie wurden damals zusammengestellt. Von diesen alten Überlieferungen gingen einige bis in die Königszeit oder noch weiter zurück. Daher sind zwar „priesterschriftliche“ Teile der Mosebücher Stücke aus der jüngsten Sammlung, aber ihre Einzelüberlieferungen können uralt sein.

Die Eigenarten der Verfasser der „Priesterschrift“ kann man vielleicht am berühmtesten Bibeltext zeigen, der dieser Schicht zugerechnet wird: dem Schöpfungsbericht am Anfang der Bibel, dem Sechstagewerk.

Die Verfasser versuchten, ein System in das Ganze zu bringen. Sie zweifelten nicht daran, daß alle Dinge auf Gottes Willen zurückgingen. Diese Dinge wollten sie systematisch ordnen und jeweils ihre Erschaffung Gott zusprechen. Diese Systematisierung ging so weit, daß zum Beispiel der Scheidung von Licht und Finsternis, also dem ersten Schöpfungstag, die Erschaffung von Sonne, Mond und Sternen entsprechen sollte, also der vierte Tag. Ebenso sollte der Scheidung von Wasser und Luftraum, also dem zweiten Tag, die Erschaffung der Lebewesen in Wasser und Luft entsprechen, also der fünfte Tag. Der Scheidung von Meer und Land, also dem dritten Tag, sollte die Erschaffung der Landlebewesen und des Menschen entsprechen.

Die Verfasser hatten deutlich auch kultische Interessen. Die Juden hatten am siebten Tag zu ruhen. Es war also selbstverständlich, daß man sich vorstellte, daß auch Gott selbst nach der Schöpfung „den Sabbat gehalten“ habe. Die ganze Schöpfung war so in diesen kultischen Wochenablauf eingefügt.

Nicht nur solche systematisierenden und kultischen Interessen lassen priesterschriftliche Texte erkennen. Typisch für sie sind auch formelhafte Wendungen. So wurde im Schöpfungsbericht fast monoton immer wieder mitgeteilt, daß Gottes Befehle erfüllt worden seien und daß „Gott sah, daß es gut war“. Auch daß die Verfasser die Tage der Schöpfung sorgfältig zählten, paßt zu diesem Stil.

Diese alte Schilderung der Schöpfung ist noch heute eindrucksvoll. Doch die Darstellungsweise sagt über den eigentlichen Inhalt nichts aus. Daher kann man sie als „zeitbedingt“ bezeichnen, ohne in Glaubensschwierigkeiten zu geraten.

Viele Einzelheiten dieses Schöpfungsberichts ähneln Anschauungen, die damals im Alten Orient weit verbreitet waren. Aber sie sind ihnen nur ähnlich, nicht gleich. Die alten Göttermythen, den Mythos vom Chaoskampf etwa haben die Verfasser der Priesterschrift nicht übernommen. Sie wollten ja zeigen, daß alles auf den einen Gott zurückgehe.

Auch einige Sätze der Sintfluterzählung stammen aus der „Priesterschrift" und wurden später Teil der Mosebücher. Daß in ihnen die „reinen" Tiere besonders bevorzugt wurden, haben wir schon erwähnt. Das Interesse der Verfasser an kultischen Dingen macht diese Vorliebe erklärlich.

In vielen Dingen wirkt die „Priesterschrift" weltfern. Denn manche ihrer Vorschriften konnten nicht mehr durchgesetzt werden. Das gilt beispielsweise für die Vorschrift des „Jubeljahres" (besser: „Jobeljahr"). Danach sollten alle fünfzig Jahre die Grundstücke an die Vorbesitzer zurückfallen, Grundstückskäufe also wieder hinfällig werden. Wahrscheinlich wurde diese Vorschrift damals formuliert. Doch Großgrundbesitz in jüdischer Hand gab es nicht mehr.

Die Vergangenheit stellten sich die Verfasser voller Ideale vor. So sei die Beschneidung von Gott bereits dem Abraham befohlen und von ihm ausgeführt worden. So wird berichtet, der ägyptische Pharao habe Jakob und die Brüder Josefs im „besten Land" Ägyptens angesiedelt. So wird erzählt, daß Moses Gesicht nach den Unterredungen mit Gott geleuchtet habe.

Mit den kultischen Interessen verbanden sich rechtliche: In dieser Schicht der Mosebücher stehen viele Vorschriften. So wurden Verfügungen getroffen über das Pascha-Fest, über das „heilige Zelt", also das bewegliche Heiligtum bei der einstigen Wüstenwanderung, über Priester und Opfer. Daneben stehen Reinigungsvorschriften und erbrechtliche Regelungen.

Auch an Listen mit vielen Namen und Zahlen hatten die Verfasser großes Interesse. Sie schrieben Stammtafeln nieder, Listen von Lagerstädten während des Wüstenzugs, Listen der Leviten- und Asylstädte.

Das Nebeneinander von älteren und jüngeren Überlieferungen in der „Priesterschrift" wird auch dadurch deutlich, daß durch diese Schicht der Mosebücher einige uralte Geschlechtsregister überliefert sind und daß andererseits die Einzelvorschriften über das „heilige Zelt" nicht auf lebendige Erinnerung zurückgehen. Sie sind an den Einrichtungen des salomonischen Tempels orientiert.

Der Tempel der nachbabylonischen Zeit war bescheiden, der Lebensstandard vermutlich nicht hoch, die Stadt war von Samaria und vom persischen Weltreich politisch abhängig.
In dieser Umwelt mußte die „Priesterschrift“ wie ein tröstendes Werk erscheinen, das neues Selbstvertrauen geben konnte. Vor allem der Tempel wurde hier mit einem Licht umkleidet, den der bescheidene Tempelbau nicht hatte.
Dieser Lichtglanz paßte gut zur Überweltlichkeit Gottes, wie sie die „Priesterschrift“ vertrat. So „formte“ beim „priesterschriftlichen“ Schöpfungsbericht Gott nicht, sondern er „sprach“. Man spürt, daß seine Verfasser geistig mit Ezechiel verwandt waren.

Esra, Nehemia und das Ende der Perserzeit

Die entscheidenden Anstöße zu Änderungen in Jerusalem gingen von den babylonischen Juden aus. Die neue Jerusalemer Tempelgemeinde bestand schon etwa ein Jahrhundert; auch der neuerrichtete Tempel stand schon viele Jahre.
Damals wurde *Nehemia* vom persischen Königshof nach Jerusalem gesandt. Er war Jude und hoher persischer Beamter. Seine genauen Befugnisse kennen wir nicht; immerhin wurde unter ihm gegen den Widerstand Samarias die Stadtmauer Jerusalems wieder aufgebaut. Vermutlich wurde Jerusalem damals auch aus der verwaltungstechnischen Abhängigkeit von Samaria gelöst und als eigene persische Provinz dem zuständigen persischen Satrapen unterstellt.
Eine andere bedeutende Maßnahme des Nehemia war die Anordnung eines allgemeinen Schuldenerlasses. Dadurch fielen die „Lastenausgleichs-Ansprüche“ der Rückkehrer aus Babylonien weg und eine allgemeine Rechtssicherheit war möglich.
Nach zwölfjähriger Tätigkeit in Jerusalem kehrte Nehemia nach Babylonien zurück. Er wurde aber später nochmals nach Jerusalem entsandt.
An religiösen Reformen wurde ihm folgendes zugeschrieben: Er habe gegen die Mischehen zwischen Juden und Ausländerinnen gekämpft und gegen die Lässigkeit in kultischen Abgaben. Außerdem habe er sich für das Einhalten der Sabbatruhe verwandt. Der Sabbat war auch in Israel schon wesentlich älter; aber unter den Deportierten in

Babylonien war seine genaue Beobachtung eine Art Glaubensfrage geworden. In Jerusalem dagegen gab es am Sabbat sogar einen öffentlichen Markt. Nehemia beseitigte ihn. Er tat das vor allem dadurch, daß er an Sabbaten die Stadttore nicht öffnen ließ. Die meisten Händler konnten also nicht in die Stadt kommen.

Doch der eigentliche religiöse Reformator war *Esra.* Auch er handelte in amtlichem persischem Auftrag und war jüdischer Priester.

Die biblischen Bücher Esra und Nehemia entstanden wohl erst etwa zwei Jahrhunderte nach den berichteten Ereignissen. Den Verfassern ging es um die Reform des Kultes. Sie stellten sich vor, Esra und Nehemia hätten gleichzeitig gewirkt. Es ist nicht ganz klar, wie es nun eigentlich genau war. So herrscht unter Fachleuten ein reger Streit über die Fragen: War Esra zuerst? War Nehemia zuerst? Lassen sich beide Anschauungen verbinden, wenn man die mehrfachen Jerusalemreisen des Nehemia berücksichtigt? Wir versuchen, diese Fragen möglichst auszuklammern.

Als Glied der Jerusalemer Gemeinde wurde nur angesehen, wer sich dem von Esra verkündeten „Gesetz“ unterwarf. Vielleicht hat er auch gegen Mischehen gekämpft. Vor allem aber wurde das Volk auf das „Gesetz des Bundes“, das zwischen Gott und Volk gelten solle, neu verpflichtet. Welcher Gesetzestext das im einzelnen war, läßt sich nicht mehr klar feststellen. Es waren wohl nicht die fertigen fünf Mosebücher, sondern bestimmte gesetzliche Abschnitte, die sowohl in Palästina überliefert als auch vom babylonischen Judentum geachtet wurden.

Auf diese Weise wurde das Judentum aus einer politischen Kleinprovinz eine religiös-kultische Größe. Denn auch Menschen außerhalb Jerusalems und außerhalb des persischen Weltreichs konnten dieses Gesetz befolgen. Dadurch lebten sie „jüdisch“, nicht mehr durch den Wohnsitz in einem bestimmten Gebiet.

In vielen Jahrhunderten waren die verschiedenen Schichten der fünf Mosebücher entstanden. In der Zeit nach Esra wurden die Einzelniederschriften zum heutigen Werk vereinigt. Die „Priesterschrift“ bildete den Rahmen, in den die anderen Schichten eingefügt wurden. Auch diese anderen Sammlungen enthielten Erzählungen, Vorschriften. Dadurch, daß nun die Mosebücher entstanden waren, war der Anfang dazu getan, daß aus dem Judentum eine Buchreligion wurde.

Doch nicht nur diese Texte wurden gelesen und weiterüberliefert. Viele alttestamentliche Texte entstanden zu dieser Zeit oder wurden damals neu formuliert. Die „Weisheitsliteratur" erwachte zu neuer Blüte. Doch jetzt war sie nicht mehr höfisch-aristokratisch, sondern eine Mahnrede an die Bürger.

Das Perserreich ging schließlich zu Ende. Seit dem Jahre 333 vor Christus begann Alexander der Große, den Osten zu erobern. Auch die Juden erlebten damals einen Wechsel in der Oberherrschaft.

Nach dem Tod Alexanders kämpften die sogenannten Diadochen um die Nachfolge, seine Generale. Die politische Einheit des Alexanderreiches hatte keinen Bestand, sondern es zerfiel in mehrere Teilreiche. Das Gebiet um Jerusalem fiel nach allerlei Wirren zunächst den Ptolemäern zu, die Ägypten beherrschten.

Die Hauptstadt der Ptolemäer war das neugegründete Alexandria. Dort sammelten sich zahlreiche Juden. Viele ihrer Nachkommen verstanden das Hebräische oder das Aramäische kaum mehr, sondern sie hatten eine indoeuropäische Sprache angenommen: das Griechische, die damalige Weltsprache. Dadurch hatte das Judentum den Bereich des Semitischen verlassen. Den ersten Schritt auf diesem Weg hatte bereits Esra getan: Er hatte an die Stelle der politisch-völkischen Verbindung die religiös-kultische gestellt. Doch zunächst konnte man vom Einbruch einer neuen Denkweise in die jüdische Welt noch nicht viel spüren.

Das Buch Ijob

Im Buch Ijob ging es um die Frage: Warum muß auch der Gerechte Leiden erdulden? Vielleicht spiegelten sich in diesen Überlegungen auch die Leiden Jerusalems wider, die im Zusammenhang standen mit dem Wechsel der Oberherrschaft und mit dem Kampf um die Nachfolge Alexanders des Großen. Beweisen läßt sich das jedoch nicht. Vor allem wurde dieses Werk nicht etwa in diesen Jahren als abgeschlossene Einheit verfaßt.

Die Rahmenerzählung ist vermutlich viel älter: Ijob wird vom Satan mit Gottes Zustimmung auf die Probe gestellt. Später schenkt ihm Gott wieder seine früheren Reichtümer. Die Rahmenerzählung hat auch Goethe angeregt: Sie spielte eine Rolle bei der Abfassung der Faust-Dichtung, vor allem des „Prologs im Himmel".

Von den Verfassern des biblischen Ijob-Buches wurde diese Erzählung nur als äußerer Rahmen für ihr literarisches Hauptwerk benützt, für die Wechselreden des Ijob mit seinen Freunden und mit Gott. Diese Wechselreden sind in poetischer Form abgefaßt, die Rahmenerzählung in Prosa. Die Freunde versuchten, Ijob davon zu überzeugen, daß er doch ein Sünder sei und mit Recht leide. Ijob bestritt das. Schließlich zeigte ihm Gott, daß seine Klagen kurzsichtig waren: Von Gott stammen die vielen Wunder der Schöpfung; er hat das Chaos beseitigt; wie unwichtig ist da dieser Ijob.

Diese „Lösung" überzeugt nicht, da sie zwar allgemein einleuchten kann, aber dem einzelnen Leidenden nicht hilft. Das Problem des „leidenden Gerechten" wird auf der Tagesordnung bleiben und auch noch im Christentum eine Rolle spielen. Der „Gerechte", Jesus, wird ja grausam getötet werden.

Die Samariter und das chronistische Geschichtswerk

Während des Niedergangs des Perserreichs oder den Anfängen des Alexanderreichs trennte sich erneut der Norden des Kultbereichs vom Süden. Möglicherweise hatten die Bewohner Samarias einerseits „altererbte" Einwände gegen den Jerusalemer Mauer-, Tempel- und Stadtbauplan. Andererseits scheinen sie einige Zeit freien Zugang zum neuerbauten Jerusalemer Tempel gehabt zu haben. Die Privilegierung des Jerusalemer Kults durch die persische Regierung hatte die Spannungen vermutlich noch verstärkt. Doch der Druck der Perser ließ nach — an ihre Stelle trat auch für Samaria eine andere Macht: Alexander der Große und die Diadochen.

So baute man einen eigenen, von Jerusalem unabhängigen Tempel auf dem Berg Garizim, unweit des traditionsreichen Schechem (= Sichem). Zwar übernahm man die fünf Bücher Mose. Doch den Jerusalemer Anspruch auf alleinige Berechtigung übernahm man nicht.

Die christliche Gemeinde setzte sich mit dem Problem „Jerusalem oder Garizim?" ausdrücklich auseinander mit dem Ergebnis, daß diese Frage für Christen höchst unwichtig sei. Die Samariter feiern noch heute das Osterfest auf dem Garizim.

In diesem geistigen Klima der Spannungen zwischen Jerusalem und Samaria entstanden wohl die biblischen Bücher der Chronik. Sie schildern, wie Gott Israel aus unbedeutenden Anfängen schließlich zu David führte, der den Jerusalemer Kult begründete. Was mit diesem Kult zusammenhing, idealisierten die Verfasser dieser Texte. Spätere kultische Vorschriften, wie beispielsweise die Einrichtung von Priesterklassen, führten sie bereits auf die Zeit Davids zurück. Auch David selbst wurde idealisiert. So überging man die Urija-Geschichte und die brutalen Thronfolgewirren. Bis David teilten die Verfasser fast nur Stammtafeln mit. Von David an wurden die Jerusalemer Könige ausführlich behandelt, die Könige des Nordreiches nur beiläufig erwähnt. Doch diesen Berichten über die Jerusalemer Könige legte man alte und wertvolle Nachrichten zugrunde.
Vermutlich stammten von denselben Verfassern auch die biblischen Bücher Esra und Nehemia. Sie wollten also einen Abriß der Geschichte Israels geben, wie sie ihn sahen. Sie hätten dann das Schema vertreten: Gott / Adam / Abraham / Mose / David / Jerusalemer Könige / Deportierte in Babylonien / neue Jerusalemer Gemeinde. Das Werk dürfte vor allem in eifrigen bis fanatischen Laienkreisen als Kampfschrift gegen den „illegalen“ Kult in Samaria gewirkt haben, obwohl man es nicht notwendig so verstehen mußte. Hinter ihm standen wohl nicht Jerusalemer Priesterkreise. Sie hätten ein erträglicheres Verhältnis zu Samaria gewünscht.

Das Buch Kohelet

Diesen Jerusalemer Optimismus des Chronisten und seiner Umgebung konnte der Verfasser des biblischen Buches „Kohelet“ (Betonung auf dem ersten e; = Der Prediger Salomo) nicht teilen. Zur Resignation bestand allerlei Anlaß. Da konnte man an die beginnende Isolierung des Judentums innerhalb der damaligen geistig-religiösen Welt denken, an die Trennung von Samaria, an das Bewußtsein, nur Spielball von Großmächten zu sein und an anderes. Gegen solche Verhältnisse ist auch mit weiser Lebensführung nicht wirklich anzukommen. Dabei ist das menschliche Leben eingespannt in wenige Jahre. Das ist nur ein lächerlicher Ausschnitt aus der Endlosigkeit aller menschlichen Wesen. Der pessimistische Kommentar des Verfassers war:

„Alles ist sinnlos, eitel, nichtig, Haschen nach Wind".

Hinter allen, auch hinter den weisesten Bemühungen, steht ja doch nur der Tod. Da kein Schlüssel zu finden ist, soll man aus dem Gegebenen das Beste machen und es in Freude genießen:

„Alles hat seine Zeit".

Daß dieses Buch in der Bibel steht, zeigt zweierlei:

Erstens: Es gab und gibt nicht nur den triumphalen Optimismus derer, die stets alles zu wissen glaubten und glauben und sich dabei auf Gott berufen. Dabei ist nicht sehr wichtig, ob die Bücher der Chronik gemeint sind oder Fanatiker im Juden- oder Christentum. Auch Jesus war schließlich nicht nur triumphaler Gott, sondern auch skandalös hingerichteter Verbrecher!

Zweitens: Wer diesen Text aus seiner Bibel nicht ausklammert, kann nicht mehr von einer „heilen Welt" träumen und alle Schwierigkeiten und vergeblichen Anstrengungen verdrängen. Der Tod stellt schließlich alles Positive in Frage — ob man es für gegenwärtig oder für noch zu erkämpfen hält.

Der Autor dieses biblischen Buches war nicht naiv genug, sich für eine der damaligen politischen Richtungen einzusetzen. Ausnahmslos jede mußte ihre Problematik haben: Sie wurden ja nur von wenigen, wenn nicht nur von einem einzigen sterblichen Menschen geprägt. Abseits von den „Schalthebeln der Macht" aber war man ohnmächtig.

Die neue Denkweise: Der Hellenismus

Seit Alexander dem Großen begann sich eine neue Weltkultur auszubreiten, der Hellenismus.

Die Stimmung war weltbürgerlich. Ein Großreich stellte man sich nicht mehr als die Herrschaft eines „Herrenvolkes" über Unterlegene, der siegreichen Götter über die anderen vor. Man fand nichts dabei, wenn maßgebende Persönlichkeiten des eigenen Kulturbereichs aus fremden Stämmen, Rassen stammten. Dieses übernationale Zusammengehörigkeitsgefühl brachte im Mittelmeerraum eine neue Aristokratie an die Macht; die Rechtsbräuche der verschiedenen Gebiete glichen sich der neuen Denkweise an.

Nichtjüdische Religionsformen waren ein buntes Gemisch aus mehr oder weniger verstandenen philosophischen Gedankengängen, aus religiösen Gedanken und Riten, aus abergläubischen Praktiken. Man verband gerne Götter miteinander. Konnte man aber in Jerusalem zustimmen, daß der dort verehrte Gott eine Erscheinungsform zum Beispiel des Zeus sei? Daß man vom „Gott Israels", von „fremden Göttern" oder von „Götzendienst" sprechen konnte, verstand man außerhalb des Judentums immer weniger.

Nichtjüdische Gebildete betrachteten ohnehin alle Religionen als Aberglauben und deuteten Riten, an denen sie amtlich teilnehmen mußten, um. Sie erhoben sich darüber und verspotteten sie. An verschiedenen religiösen Vorschriften des Judentums, an den Speisegeboten und an der Vorschrift der Beschneidung, nahmen sie ebenso Anstoß wie die Anhänger primitiver nichtjüdischer Religionsformen — nur aus anderen Gründen. Ihr Ideal war eine Weltreligion. Dazu schienen solche Vorschriften nicht zu passen.

Von einigen sehr wichtigen Ausnahmen abgesehen, wie etwa der Förderung des Herrscherkults, kümmerte sich der Staat kaum mehr um das religiöse Leben seiner Bürger. Diese Zurückhaltung mußte der bisherigen jüdischen Vorstellung schwer verständlich sein. Nach ihr war ja der eigentliche Herrscher Gott; der König war nur in seinem Auftrag tätig. Das bedeutete auch, daß er die Interessen Gottes wahrzunehmen hatte. Doch die Herrscher dieser Zeit taten das nicht. In vielen Fragen waren sie religiös tolerant. Zwar vollzogen sie die üblichen religiösen Akte, die sie amtlich vornehmen mußten, so die Opfer bei Einweihungsfeiern. Aber irgendwie liefen ihrer Ansicht nach alle Religionen der Welt auf dasselbe hinaus. Wenn sie freilich glaubten, man lehne im Judentum die Religion überhaupt ab, konnten sie sehr intolerant sein. Das mußten sowohl Juden als auch Christen in den ersten Jahrhunderten erfahren. Wer nicht irgendeinen Gott verehrte, schien nicht zur Weltkultur zu passen — und Juden und Christen konnten ihren Gott nicht in Bildern zeigen.

Neben der Welt stand im Mittelpunkt dieser Denkweise der einzelne Mensch, nicht mehr der Stamm, die Gruppe oder das Volk. Den einzelnen sah man weniger als Teil der Umwelt, sondern mehr als eigenständige Persönlichkeit. Was sollten da die alten prophetischen Weherufe über Völker, wo es doch um Einzelpersönlichkeiten ging! Außerhalb des Judentums entstand damals auch die Literaturform der Biographie.

Durch diese Betonung der Einzelpersönlichkeit wurden auch die traditionellen Autoritäten und Gruppenbindungen weithin aufgelöst. Die Ethik des *einzelnen* wurde entscheidend. Das erklärt, warum man großen Wert auf „ethische Mahnreden", „Gewissen" legte.
Leib und Seele begann man derartig voneinander zu unterscheiden, daß die Seele nicht mehr als Lebenskraft des Leibes galt und daher nicht mehr eigentlich zu ihm gehörte. Sie wurde vielmehr als sein Gegenstück angesehen. Das Wesen des Einzelmenschen bestehe in seiner Seele, glaubte man. Manche Richtungen waren sogar leibfeindlich und sprachen vom Leib als „Gefängnis der Seele". Einige versuchten, eine komplizierte Lehre vom Menschen, von seinem Geist und von seiner Seele aufzustellen.
Die Dinge wollte man nicht belassen, sondern umformen und neu bilden. Eine solche „Welt des Machbaren" hatte kein Organ für eine „Welt des geduldigen Verstehens" und des Wartenkönnens. Man wollte selbst Entwicklungen einleiten, nicht etwa warten, bis sie der „Gott Israels" in Gang brachte. Dieser Glaube an das Machbare stand auch in Verbindung mit der neuen Schätzung der Einzelperson: Man glaubte, „Männer machten Geschichte".
„Gott", „Mensch" wurden nicht mehr in erster Linie als konkrete Wesen verstanden, sondern als abstrakte Ausdrücke für „das" Göttliche, „das" Menschliche. Einen Kult ohne Gottesbild wie in Jerusalem konnte man daher falsch verstehen: Man konnte glauben, hier werde nicht ein lebendiger Gott, sondern „das" Göttliche oder ein unbekanntes Göttliches verehrt. Die konkreten Zusammenhänge dieser bildlosen Kultform mit dem alten Nomadenkult kannte man nicht mehr.
Mehr und mehr schwand auch im Judentum der Blick für die Zusammenhänge. So wurde die Verbindung von: Auszug aus Ägypten, Gottesbund, göttlichen Vorschriften, Tempelkult nicht mehr gesehen. Berichte über derartige Ereignisse betrachtete man nicht mehr als Einzelpunkte eines Mosaikbildes, sondern losgelöst vom Ganzen. Dem entsprach, daß man die biblischen Vorschriften immer mehr als verpflichtende Einzelsätze ansah, losgelöst von der Gesamtentwicklung. Auch die Zukunftserwartungen betrachtete man nicht mehr in erster Linie als Ausblick auf das Endziel der gesamten Entwicklung. Aus diesem Zusammenhang herausgelöst, wurden sie zu einem Katalog von Endereignissen. Man bereicherte ihn um allerlei Vorstellungen

von schrecklichen Vorgängen, von Engelkriegen, von Visionen, von Hungersnöten in der Endzeit und ähnlichem. Die einzelnen Bilder nahm man im Judentum meist aus der jüdischen Tradition, stellte sie aber in neue Zusammenhänge. Daher wirken derartige Apokalypsen sehr jüdisch — doch ihr Rahmen ist hellenistisch.

Das Niveau der Bildung stieg damals. Freilich wuchs diese Bildung oft nur in die Breite, nicht in die Tiefe. Doch ein Fortschritt war deutlich zu erkennen. Bildung war nicht mehr das Vorrecht der politischen, militärischen und priesterlichen Oberschicht. Nicht nur der Verstand sollte gebildet werden. Es ging um eine neue Lebensform des ganzen Menschen.

Große Bibliotheken entstanden, so die Bibliothek von Alexandria. Eine neue Weltsprache, das Griechische, und die neue Bildung ermöglichten schließlich auch das Entstehen einer Weltliteratur. Früher schrieben im Alten Orient die Verfasser Texte meist aus konkreten Anlässen für einen bestimmten Kreis nieder. So verfaßte man beispielsweise Rechts- und Kultvorschriften, legte Geschlechtsregister an, berichtete alte Traditionen in neuer Deutung. Jetzt entstand der „Literat", der ohne zwingenden Anlaß für einen unbekannten Leserkreis schrieb — möglichst viele sollten das Werk lesen. „Weltweit" wurden literarische Werke ausgetauscht und gesammelt.

Man entwickelte auch einige industrielle Fertigungstechniken, zum Beispiel Herstellung des Pergaments.

Stützpunkte dieser Bildungsfortschritte waren die Städte. Das breite Land wurde häufig von der neuen Weltkultur kaum berührt. Dieser Unterschied zwischen Stadt und Land sollte noch lange eine Rolle spielen. So lernte man später das Christentum auf dem Land zunächst kaum kennen, als es in Städten bereits verkündigt wurde.

Als Vorposten der neuen Kultur wurden in der hellenistischen Zeit viele Städte neu gegründet oder erhielten neue Namen nach bedeutenden Persönlichkeiten, zum Beispiel Alexandria nach Alexander dem Großen.

Diese verschiedenartigen Strömungen traten nicht als geschlossener Block auf; vielmehr trat einmal dieser, einmal jener Einzelzug in den Vordergrund. Viele dieser Einzelzüge konnte das Judentum in seine bisherige Denkwelt einbauen, auch wenn sie dort meist Fremdkörper blieben. So konnte man die neue Wertung des einzelnen mit der

neuen Verpflichtung verbinden, die seit Esra nicht mehr „das Volk", sondern den einzelnen an Gott und Gesetz banden.
„Das" Judentum in Palästina hat also nicht etwa „den" Hellenismus abgelehnt.
Übrigens sind wir heute in vielen Dingen eher Kinder des Hellenismus als Kinder der Denkweise älterer biblischer Texte. In allerlei Veränderungen und Verdünnungen kam dieses Erbe auf uns, so durch das Christentum der Spätantike und durch philosophische Strömungen der Neuzeit.

Konflikt, Makkabäeraufstand und Herrschaft der Hasmonäer

Die Ägypten beherrschenden Ptolemäer hatten schließlich die Herrschaft über Jerusalem an die Seleukiden verloren. Das war eine andere Dynastie von Nachfolgern Alexanders des Großen, die Syrien beherrschte und von Antiochien aus regierte. Sowohl Ptolemäer als auch Seleukiden vertraten die Anschauungen der neuen, hellenistischen Weltkultur. Im Sinn der allgemeinen Toleranz erhielten der Jerusalemer Kult und die Stadt allerlei Privilegien, beispielsweise beträchtliche Zuwendungen, befristete Steuerfreiheit. Doch sowohl die Politik der Umwelt als auch mehrere Züge der neuen Denkweise führten zu Spannungen mit Jerusalem. Ein Konflikt war schließlich nur noch eine Frage der Zeit.
Ausgelöst wurde der Konflikt durch Auseinandersetzungen in Jerusalem um das Amt des Hohenpriesters. Anscheinend ging es dabei in erster Linie um Machtfragen. Doch die Auseinandersetzung mit der neuen Denkweise wurde alsbald in die Streitigkeiten hineingezogen. Auch in Antiochien hatte es Wirren gegeben — der neue hellenistische Herrscher, Antiochus IV., war im Jahre 175 vor Christus durch einen Putsch an die Regierung gekommen.
Der Bruder des in Jerusalem amtierenden Hohenpriesters konnte sich Antiochus' Unterstützung erkaufen, seinen Bruder verdrängen und so selbst das Amt erringen. Er ließ in Jerusalem ein „Gymnasion" errichten. Dort wurden Sportkämpfe nackt ausgetragen, wie das im Bereich der hellenistischen Kultur allgemein üblich war. Viele Juden ließen daher ihre Beschneidung unkenntlich machen.

Drei Jahre später wurde auch dieser Hohepriester durch einen anderen verdrängt, der dem hellenistischen Herrscher noch mehr zahlte. Der neue Amtsträger stammte nicht aus einem Priestergeschlecht. Die nichtjüdischen Hellenisten wußten nicht, welch überragende Bedeutung gerade dieser Eigenschaft in Jerusalem zugeschrieben wurde. Dem entsprach, daß die Stellung des neuen Hohenpriesters in Jerusalem nie stark war.

Als ein Gerücht den Tod Antiochus' IV. behauptete, wurde dieser Hohepriester von seinem Vorgänger gestürzt. Doch bald wurde er mit Gewalt nach Jerusalem zurückgeführt und wieder in sein Amt eingesetzt. Die widerspenstige Jerusalemer Kultgemeinde sollte nun mit allen Mitteln in das hellenistische Reich eingegliedert werden. Antiochus IV. betrat das Heiligtum und verbot Beschneidung, Sabbat, Opfer unter Todesstrafe. Der Jerusalemer Tempel wurde in ein Heiligtum des Zeus Olympios verwandelt; auch außerhalb Jerusalems wurden Zeusaltäre errichtet. Selbstverständlich wurden Zeus auch Schweine geopfert und in Opfermahlzeiten verzehrt.

Vermutlich glaubte der hellenistische Herrscher, er könne das Widerstreben der Jerusalemer schließlich durch Härte brechen. Doch in Wirklichkeit trieb er die gemäßigten Kräfte den kompromißlosen in die Arme; neben vereinzelten Martyrien in Jerusalem regte sich nämlich jetzt entschlossener Widerstand.

Sein Führer war zunächst Mattatias. Auch in seinem kleinen Wohnort forderte ein hellenistischer Beamter zum heidnischen Opfer auf. Mattatias tötete den Beamten sowie einen nachgiebigen Juden und floh. Nach einiger Zeit starb er.

Die Führung des Aufstands übernahm nun sein Sohn Judas. Sein Beiname war „der Makkabäer" (= „der Hammer"?). Nach kleineren kriegerischen Auseinandersetzungen konnte er sogar Jerusalem erobern, den Tempel erneut dem richtigen Gottesdienst weihen und den Tempelbezirk befestigen. Zur Erinnerung an diese Ereignisse des Jahres 164 vor Christus feiern noch heute viele Juden das Chanukka-Fest.

Der hellenistische Herrscher hatte Judas dem Makkabäer keinen starken Widerstand leisten können, da seine Truppen im Osten des Reiches gebunden waren. Schließlich starb Antiochus IV. Doch seine Vorschriften für Jerusalem waren nach seinem Tod nicht widerrufen worden. Die Umgebung Jerusalems war militärisch nicht von den Makkabäern gesichert und vor allem: In Jerusalem bestand weiterhin eine befestigte Garnison der Hellenisten.

Die Streitmacht der Makkabäer wurde zwar noch vom hellenistischen König beziehungsweise vom Reichsverweser niedergeworfen. Aber Thronwirren in Antiochien kamen den Makkabäern zur Hilfe: Die Hellenisten mußten Zugeständnisse machen und beließen es bei der bloßen politischen Oberherrschaft, ohne in die Religionsausübung einzugreifen. Entsprechende Vorschriften wurden widerrufen.

Nach dieser religiösen Befreiung Jerusalems entstand dort ein folgenschwerer Gegensatz. Die Makkabäer bemühten sich künftig auch um die politische Unabhängigkeit. Dabei konnten sie aber nicht mehr auf die Zustimmung religiöser Gruppen rechnen, die sie bisher hatten. Denn die *politische* Freiheit sahen viele „Fromme" nicht als Ziel des Kampfes an — in Jerusalem war man eine politische Oberherrschaft ja fast gewohnt. Die entscheidende Veränderung erwarteten sie von Gott, nicht durch eine Tat von Menschen.

Aus solchen „Frommen" entstanden später die Gruppen der Pharisäer und der Leute von Qumran am Toten Meer.

Da es den Makkabäern nicht nur um religiöse, sondern auch um politische Unabhängigkeit ging, konnten neue Konflikte mit den hellenistischen Herrschern nicht ausbleiben. Schließlich entstand aus der religiösen Aufstandsbewegung eine politische Dynastie in Jerusalem, diejenige der Hasmonäer. Unter ihnen konnte zwar fast der Umfang des alten davidischen Großreiches erreicht werden. Auch der Titel „König" wurde wieder geführt. Selbst Samaria wurde erobert und der samaritische Tempel auf dem Berg Garizim zerstört. Doch ihre Herrschaft war blutig und grausam, politische Rivalen wurden skrupellos beseitigt, über das Amt des Hohenpriesters ungehemmt verfügt. Anders als David hatten sie daher wenig Rückhalt beim Volk und erbitterte Gegner unter den „Frommen".

Schließlich ging die Herrschaft der Hasmonäer zu Ende, als eine neue Großmacht aktiv eingriff: das Römische Reich.

Zukunftshoffnungen seit der Makkabäerzeit

Die Taten der Makkabäer werden uns durch die beiden biblischen Makkabäerbücher überliefert. In ihnen spürt man den Stolz auf die erreichte Befreiung. Das erste Buch erzählte die Vorgänge mit allerlei Einzelheiten. Darin ist es sehr zuverlässig; freilich hat es die Tendenz, die jüdische Gesetzesfrömmigkeit zu betonen und die Leistungen der führenden Persönlichkeiten herauszustellen.

Das zweite Makkabäerbuch enthält noch mehr Einzelheiten. Aber es ist keineswegs so zuverlässig wie das erste, sondern enthält viel Legendenstoff.

Beide Bücher sind uns in griechischer Sprache erhalten. Wenigstens das erste wurde ursprünglich wohl hebräisch verfaßt und später ins Griechische übersetzt.

Anders als den Makkabäern kam es den „Frommen" nicht auf die politische, sondern auf die religiöse Unabhängigkeit an. Die politische werde Gott schenken. Man hoffte auf den „Tag des Herrn", auf „einen neuen Himmel und eine neue Erde". Ihre Zukunftshoffnungen schrieben sie häufig in der Form von „Apokalypsen" nieder. Oft legten sie diese Texte großen Persönlichkeiten der Vergangenheit, zum Beispiel dem Patriarchen Henoch, in den Mund, die Visionen geschaut hätten und mit Engeln in Beziehung getreten seien.

Die apokalyptischen Schriftsteller schrieben engagiert. Aber an die Stelle der prophetischen Worte trat nun eine sublime Vielfalt von Bildern, verschleierten Andeutungen, Erinnerungen an andere Bibeltexte, Anspielungen. Man sprach vom Feuer, von Bergen, vom Meer, von Drachen und von guten oder schlimmen Tieren. Die Kritik war keineswegs schwächer als bei vorexilischen Propheten. Aber sie wurde jetzt in verhüllter Form vorgetragen und war nur einer kleinen Gruppe voll verständlich. Die Mitglieder dieser Gruppe wußten, wer mit „Ungeheuer", mit dem „Frevler", mit dem bösen „Drachen" gemeint war — oft politische Machthaber.

Die Ereignisse berührten meist nicht nur das Volk Israel, sondern die ganze Welt. Als Hülsen für die eigene Hoffnung zitierte man alte prophetische Texte etwa gegen Jerusalem, gegen Moab — aber man stellte sich eine weltweite Änderung vor und dachte nicht nur an Palästina/Syrien.

Oft lehnte man die Außenstehenden völlig ab. Sie werden nicht eines Tages „den richtigen Weg" finden, sondern von Gott und von den himmlischen Heeren besiegt werden. Eine solche Schwarz-Weiß-Malerei wird deutlich in den Texten von Qumran. Dort wird von einem Kampf der „Kinder des Lichtes" gegen die „Söhne der Finsternis" gesprochen. Eine solche kompromißlose Haltung wird bezeichnenderweise nicht von Schriften vertreten, die in die Bibel aufgenommen wurden. Zwar verstand man manche Werke später immer wieder so, zum Beispiel die Johannesapokalypse. Aber man mußte sie nicht in dieser naiven Form verstehen. Stets waren es auch Fanatiker auf religiösem und auf sozialem Gebiet, die eine solche Haltung ohne „Grautöne" vertraten.

Römische Macht in Palästina und die Herrschaft des Herodes

Als der hellenistische Staat der Seleukiden langsam zerfiel, bemühte sich das Römische Reich, sein Erbe anzutreten. Das bedeutet den Versuch, die Machtfrage neu zu regeln. Das bedeutete aber nicht neue Anschauungen; nach wie vor blieb der Hellenismus maßgebend.
Nach allerlei Hin und Her in Rom und in Palästina eroberte Pompeius Jerusalem und richtete ein furchtbares Blutbad an. Er und andere Römer betraten sogar das Allerheiligste des Tempels. Das alte Hasmonäerreich wurde entscheidend verkleinert, seine politische Unabhängigkeit beseitigt.
Nun geriet auch Jerusalem in das Getriebe der römischen Auseinandersetzungen. Als Pompeius durch Caesar gestürzt worden war, konnte der Hasmonäer erreichen, daß er zum „Bundesgenossen" Roms ernannt wurde. Formalrechtlich war Jerusalem jetzt wieder unabhängig und durfte sogar befestigt werden. Doch das Hasmonäerreich war so sehr verkleinert worden, daß diese Vergünstigungen fast nur die Stadt selbst betrafen. Die Umgebung unterstand einem römischen Beamten.
Dieser Beamte, der Statthalter für Judäa, war ein Idumäer und der Vater Herodes des Älteren. Herodes selbst war im Zusammenhang mit den Wirren um Caesars Ermordung und nach dem Tod seines Vaters nach Rom gekommen. Dort hatte man ihn zum „König von

Judäa" ernannt, und er ging nun daran, sein Königreich zu erobern. Dabei erhielt er römische Hilfe. Im Jahre 37 vor Christus zog er in Jerusalem als Sieger ein. Auch nach der Beseitigung der Caesarmörder durch Octavianus Augustus verstand es Herodes der Ältere geschickt, sich mit der „richtigen" Seite zu verbinden.

Er regierte von 36 bis 4 vor Christus. In einigen Werken heißt er „Herodes der Große". Das entspricht seinen bedeutenden politischen Erfolgen, wird aber seinen skrupellosen und harten Methoden und seinen politischen Tricks nicht gerecht.

Seine Regierung war eine politische Glanzzeit für den Staat von Jerusalem. Er konnte sein Reich beträchtlich ausweiten und herrschte bald über den größten Teil Palästinas. Unter seiner Regierungszeit wurden zahlreiche Bauwerke errichtet. Vor allem baute er den Jerusalemer Tempel in prächtiger Weise und großzügiger Planung neu auf. Er errichtete auch Kastelle, Festungen und andere militärische Bauwerke im ganzen Land.

Äußerlich gab sich Herodes der Ältere als strenger Jude, obwohl er seiner Herkunft nach keiner war. Seine Söhne wurden streng jüdisch erzogen; im Tempel brachte er prächtige und kostspielige Opfer dar.

Doch im Grund war er ein hellenistischer Herrscher. In Jerusalem erbaute er ein Amphitheater. Er gründete Städte und benannte sie zur Ehre seiner römischen Freunde, wie Caesarea. Diese Stadt war typisch hellenistisch angelegt. Auch ein Amphitheater war in den Plan eingeschlossen. Mehrere Jahre vor seinem Tod konnte er die Neugründung durch prächtige Kampfspiele einweihen.

Vor allem der hellenistische Um- und Neubau von Samaria war sein Werk. Diese Stadt bekam den Namen „Sebaste".

Bei aller Pracht war seine Regierungszeit voller Grausamkeiten. Viele Untertanen haßten und fürchteten ihn. Sie hatten auch Gründe dafür: Herodes der Ältere galt als Freund Roms; er war Fremdling; er besetzte das Hohepriesteramt immer wieder neu und ließ die bisherigen Amtsinhaber beseitigen; er huldigte unjüdischen „Greueln" wie den Spielen im Amphitheater; er ließ Familienangehörige töten, rottete die letzten Hasmonäer aus und ließ noch fünf Tage vor seinem Tod seinen ältesten Sohn hinrichten; er unterdrückte blutig jede Opposition; er erhob drückende Steuern zur Finanzierung seiner Bautätigkeit.

Wie einst David, gelang es Herodes dem Älteren nicht, vor seinem Tod die Nachfolgefrage eindeutig zu regeln. Als nach seinem Tod Unruhen ausbrachen, schlug sie der römische Legat für Syrien blutig nieder und ließ Hunderte von Aufständischen kreuzigen. Die Antipathie gegen die römische Oberherrschaft bekam dadurch neue Nahrung. Zwar erzwang diese harte Maßnahme für kurze Zeit militärische Ruhe. Aber die römischen Truppen hatten sich bis zum Ende Jerusalems ständig mit Aufstandsbewegungen herumzuschlagen, denen sie nur in „offener Feldschlacht" überlegen gewesen wären.

Nach Herodes' Tod zerfiel sein Reich in mehrere kleinere Fürstentümer. Der Titel „König" wurde von Rom nicht mehr verliehen.

Den wichtigsten Teil, das Gebiet Jerusalems, hatte sein Sohn Archelaus erhalten. Doch keine zehn Jahre nach dem Tod seines Vaters wurde Archelaus verbannt und auch Jerusalem in die Verwaltung des Römischen Reiches einbezogen. Die obersten militärischen und richterlichen Befugnisse lagen beim römischen Landpfleger, der in Caesarea residierte und nur gelegentlich nach Jerusalem kam. In der von Herodes dem Älteren erbauten Burg Antonia saß eine römische Garnison und beobachtete von dort die Vorgänge im Tempel und in seiner Umgebung. Auch die Hohenpriester wurden von den Römern eingesetzt.

Jüdische Diaspora

Für das Christentum wurden die Judenkolonien in Babylonien und an anderen Orten östlich von Jerusalem weniger bedeutend als die „westliche Diaspora". Hier sprach man griechisch. Die folgenden Bemerkungen beziehen sich auf diese „westliche Diaspora".

Man versuchte nicht nur in Palästina, sich mit dem hellenistischen Geist auseinanderzusetzen. Allein in Alexandria gab es mehrere hunderttausend Juden. Wenn man nur das Alte Testament gelesen hat, dann wundert man sich vielleicht über die vielen großen jüdischen Gemeinden, zum Beispiel in Korinth und Rom, von denen das Neue Testament erzählt. An diesem Diaspora-Judentum setzte später die frühchristliche Mission an. Die Männer, die den hebräischen Kanon des Alten Testaments festlegten, standen unter dem Schock des Untergangs von Jerusalem im Jahre 70 nach Christus. Aus griechischem beziehungsweise römischem Denken konnte also ihrer Ansicht nach nichts Gutes kommen. Daher nahmen sie die hellenistisch-jüdischen Werke meist nicht in den Kanon auf. Wir wissen von ihnen nichts mehr, soweit sie nicht in Ausnahmefällen oder durch frühchristliche Schriftsteller und Abschreiber auf uns gekommen sind. Dieser Jerusalem-Schock wurde noch verstärkt durch die Erinnerung an das babylonische Exil. Noch heute scheint er manche Auffassungen der Regierung des Staates Israel mitzubestimmen.

Doch ein Überblick über die Geschichte Israels, der nicht über Palästina hinausgeht, wäre lückenhaft. Vor allem Christen, die ja nicht unter diesem Schock stehen, dürfen bei „Geschichte Israels" nicht nur auf Palästina starren.

Auch für das Weltjudentum außerhalb Palästinas war *Jerusalem* der religiöse Mittelpunkt. Jerusalem bestimmte die Gebetsrichtung, dorthin entrichtete man regelmäßig die Tempelsteuer und übersandte Spenden. Sympathie verband die Diaspora-Juden mit Jerusalem. Formalrechtlich galten alle Juden bis zum Jahre 70 nach Christus als Jerusalemer Bürger, wo immer sie auch wohnten. Die Sympathie für Jerusalem wurde gelegentlich sogar in strategischen oder in politischen Fragen wirksam. So mußte der zuständige römische Beamte bei strengem Vorgehen gegen die Juden in Jerusalem damit rechnen, daß er auch an anderen Orten die Sympathien der Judengemeinden verlor.

Das religiöse Leben in der Diaspora war durch die Synagogengottesdienste bestimmt. Solche Synagogen nannte man ursprünglich meist „Pros-euche". Ein derartiges Gebetshaus gab es fast in jeder Stadt, in der Juden lebten. Manche Synagogen waren sehr prächtig eingerichtet. So gab es in der Hauptsynagoge von Alexandria einundsiebzig goldene Sitze für die Ältesten.

Der wichtigste Teil des Gottesdienstes war die Verlesung der heiligen Texte. Zunächst las man ein Stück aus den fünf Mosebüchern, dann einen Text aus anderen heiligen Schriften, vor allem aus den Propheten. Darauf folgte eine Predigt. Dieser Kern des Gottesdienstes war eingerahmt von einer großen Zahl von Gebeten und Lobgesängen. Gemeinsame Festmähler scheinen auf einige Synagogen und auf einige wenige Feste beschränkt gewesen zu sein.

Die Texte wurden bald griechisch verlesen, da die meisten Hörer zu wenig hebräisch verstanden. Im Laufe des dritten und zweiten Jahrhunderts vor Christus wurden die Bücher des Alten Testaments daher ins Griechische übersetzt. Die geläufigste griechische Übersetzung heißt „Septuaginta", nach dem lateinischen Wort für „Siebzig". Denn nach einer Legende soll sie von zweiundsiebzig Übersetzern geschaffen worden sein, die denselben Text niederschrieben, obwohl streng für ihre Abgeschlossenheit gegeneinander gesorgt worden war. Doch genauere Untersuchungen lehren heute, daß verschiedene Büchergruppen nach verschiedenen Übersetzungsgrundsätzen geschaffen wurden, zum Beispiel war die Nähe zum hebräischen Urtext hier größer und dort kleiner, bestimmte Ausdrücke wurden hier bevorzugt, dort selten gebraucht.

Die Bedeutung der Septuaginta war groß. Später wurde sie zur Vorlage der ersten lateinischen Übersetzungen und vieler anderer frühen Übersetzungen des Alten Testaments, die nicht den hebräischen Text zugrundelegten. Die hebräischen Handschriften, die von den Schöpfern der Septuaginta benutzt wurden, waren älter als die hebräischen Handschriften, die auf uns kamen. Daher ist eine Erforschung der Geschichte der Septuaginta und ihrer Tochterübersetzungen auch für die wissenschaftliche Erforschung des hebräischen Urtexts wertvoll.

Gewisse Dinge sind allen Septuaginta-Übersetzern gemeinsam. So stellten sie Gott möglichst wenig in der Weise von Menschen dar; statt „Gottes Hand" konnte man „Gottes Macht" sagen. Viele Ausdrücke des Neuen Testaments haben nicht einfach die Bedeutungen, die sie allgemein im damaligen Griechisch hatten, sondern diejenige, in der sie die Septuaginta gebrauchte.

Unsere Septuaginta-Handschriften stammen durchweg von christlichen Schreibern. Denn nach der Trennung vom Christentum vereinheitlichte man im Judentum zunächst den hebräischen Text und schuf dann eine griechische „Übersetzung", die derart wörtlich das Hebräische wiedergab, daß sie kaum verständlich war.

Außerhalb des Gottesdienstes genossen die Juden allerlei Vorrechte. So hatten sie zum Beispiel auch das Bürgerrecht der jeweiligen Gemeinde, brauchten aber nicht am Kriegsdienst teilzunehmen oder am Sabbat vor Gericht zu erscheinen. In Zivilsachen hatten sie eine eigene Gerichtsbarkeit; die Tempelsteuer durften sie nach Jerusalem abführen. Im Zusammenhang mit diesen Vorrechten kam es immer wieder zu Streitigkeiten zwischen Juden und Nichtjuden. Öffentliche Ämter konnten Juden nicht bekleiden. Denn damit wäre die Pflicht zum Vollzug heidnischer Riten verbunden gewesen. Sie galten also in der heidnischen Umgebung als Sonderlinge; vor allem in späterer Zeit war auch das Diaspora-Judentum allerlei Schikanen und sogar Pogromen ausgesetzt.

Die Reaktion der Diaspora-Juden auf diesen antijüdischen Affekt der Umwelt läßt sich vielleicht an dem Schriftsteller Philo von Alexandria deutlich machen. Er war ein gebildeter Diaspora-Jude und beschränkte sich nicht auf billige Abwehr der Einwände von Gegnern. Er schrieb zwar erst ungefähr zur Zeit Jesu. Aber seine schriftstellerischen Eigenarten traten nicht erst mit ihm ins Leben, sondern wurden zum Teil auch einige Zeit vor ihm von jüdisch-hellenistischen Schriftstellern angewandt.

Er bot eine Auslegung des wichtigsten alttestamentlichen Textes, der Mosebücher. Dabei war seine Auslegungsmethode die Allegorie. So sah er zum Beispiel Adam als Symbol der menschlichen Vernunft, den Lebensbaum als Symbol der Tugend an. Auch die jüdischen Kultvorschriften deutete er in dieser Weise um und machte sie so für Gebildete seiner Zeit sinnvoll. Diese hätten sonst mit „Tieropfern“ nichts anfangen können. Er gab den Wortsinn nicht preis, aber sah das wichtigste im sinnbildlichen Gehalt der Texte. Außerdem schrieb er zahlreiche Einzeluntersuchungen, so über einzelne Bibeltexte, über die Schöpfung und über die Zehn Gebote. Auch dem biographischen Interesse der hellenistischen Zeit kam er durch sein „Leben des Mose“ entgegen. Mit der damals herrschenden heidnischen Tendenz, nur einen einzigen Gott hinter all den vielen Göttergestalten zu sehen, versuchte er seine Lehre vom einen Gott zu verbinden. Die gebildeten Leser Philos sollten erkennen: Was die heidnischen Philosophen und Schriftsteller bruchstücksweise fordern, ist im Judentum vervollständigt da.

Daß diese Formen des Diaspora-Judentums auch die heidnische Umwelt beeindruckten, nimmt nicht wunder. Daher gingen von ihm auch bedeutende missionarische Einflüsse aus — weniger direkt von Jerusalem. Es gab viele Fälle des Übertritts von Heiden zum Judentum. Die orientalischen Religionen galten allgemein als anziehend, und das Judentum war unter ihnen mit Abstand die höchste Form.

Eine Weise der „Bekehrung zum Judentum“ verlangte von den Neu-

bekehrten verhältnismäßig wenig: Die „Gottesfürchtigen“ mußten am jüdischen Gottesdienst teilnehmen und einige ausgewählte Vorschriften befolgen.
Viel einschneidender war ein voller Übertritt: Die Übergetretenen (Proselyten) mußten sich beschneiden lassen, empfingen ein Tauchbad und hatten alle Vorschriften einzuhalten. Schon die Beschneidung wirkte auf die Heiden als Verstümmelung; auch sonst gab es für die Proselyten allerlei Probleme des Zusammenlebens mit den Heiden, das heißt mit früheren Bekannten: zum Beispiel die Sabbat- und Speisevorschriften.

Palästina zur Zeit Jesu

In den letzten Jahren der Regierungszeit Herodes des Älteren wurde Jesus von Nazaret geboren, also einige Jahre „vor Christi Geburt“: Später berechnete man das Jahr der Zeitenwende falsch. Der Herodes, von dem die Erzählung vom betlehemitischen Kindermord handelt, war Herodes der Ältere. Zu seiner Grausamkeit hätte diese Tat zweifellos gepaßt. Andere Gründe lassen aber erkennen, daß es sich hier um eine Vielfalt von theologischen Aussagen handelt, die in der Form eines Berichtes dargestellt sind, daß also die Kinder in Wirklichkeit nicht ermordet wurden. Die wichtigste Aussage war: Der von Gott Bestimmte kann nicht durch staatliche Maßnahmen beseitigt werden, sowenig wie einst Mose.
Nach dem Tod Herodes des Älteren war Herodes Antipas, einer seiner Söhne, Herrscher in Galiläa. Er war Jesu „Landesherr“. Von ihm wird auch in der Leidensgeschichte gesprochen.
Wie sein Vater, war auch Antipas als Städtegründer tätig. Für seine prächtig ausgebaute Residenz wählte er den Namen „Tiberias“, zu Ehren des Kaisers Tiberius. Diese Stadt galt frommen Juden lange als „unrein“; sie war Mittelpunkt des Hellenismus. Die erste Frau des Antipas, eine nabatäische Prinzessin, verstieß er und heiratete Herodias, die Frau eines anderen, unbedeutenden Herodes-Sohns. Mit ihrer Tochter Salome setzte Herodias die Enthauptung Johannes des Täufers durch. Der Nabatäerkönig wollte die Verstoßung seiner Tochter rächen und erreichte, daß Antipas und Herodias von den Römern verbannt wurden.

Jerusalem unterstand nach dem Tod Herodes des Älteren zunächst dessen Sohn Archelaus. Er wurde bald von den Römern verbannt. Seither stand dieses Gebiet unter römischer Herrschaft. Der bekannteste römische Statthalter war Pontius Pilatus (26—36 n. Chr.). Er war von dem eifrigsten Judengegner seiner Zeit, von Seianus, gefördert worden. Seianus war damals der mächtigste Mann in Rom, mächtiger als der Kaiser. Pilatus erwies sich als echter Gefolgsmann des Judengegners. So ließ er am Anfang seiner Herrschaft die römischen Feldzeichen mit Adler und Kaiserbild nach Jerusalem bringen. Darin sahen die Juden Götzendienst und Gotteslästerung. Das hatte ihnen noch keiner von Pilatus' Vorgängern angetan. Es gab Unruhe und sogar einige Martyrien. Schließlich mußte Pilatus die Feldzeichen zurückziehen. Ein anderer Konfliktfall entstand dadurch, daß er für den Bau der Bewässerungsanlage Tempelgelder verwandte. Den dadurch hervorgerufenen Aufruhr ließ er durch Truppen in Zivilkleidung niederknüppeln. Auch die Münzprägung mit heidnischen Symbolen, die er veranlaßte, war eine Provokation für die Juden. Trotz des Sturzes seines römischen Fürsprechers Seianus konnte er sich noch einige Zeit halten, wurde aber im Jahre 36 nach Christus endgültig abberufen.

Pilatus und den maßgebenden jüdischen Kreisen in Jerusalem schien Jesus von Nazaret ein Außenseiter oder ein weiterer von vielen Kritikern zu sein — nicht weiter der Erwähnung wert, hätte Jesus sie nicht öffentlich provoziert. In Jerusalem fiel die Entscheidung: Jesus wurde zum Tod verurteilt und hingerichtet. Vielleicht kam es Pilatus gerade recht, auf diese Weise gewissen jüdischen Kreisen einen Gefallen tun zu können.

Das Ende der Jerusalemer Kultgemeinde und der Untergang Jerusalems

Nach der Abberufung des Pilatus gelang es nochmals einem Nachkommen des Herodes, für kurze Zeit als König zu regieren. Da forderte der römische Kaiser Caligula auch in Jerusalem den Kaiserkult. In Alexandria war es im Zusammenhang mit dieser Forderung bereits zu schweren Judenverfolgungen und zu Synagogenzerstörungen gekommen. Denn dieser Forderung konnten die Juden bei aller Loyalität nicht zustimmen.

Trotz der Einwände des regierenden Herodianers verlangte Caligula, sein Bild solle auch im Tempel aufgestellt werden. Als die Juden das ablehnten, sollte es der syrische Statthalter erzwingen. Doch dieser zögerte die Ausführung des Befehls hinaus. Schließlich wurde Caligula in Rom getötet. Sein Nachfolger, Kaiser Claudius, widerrief den Befehl.

Nach dem Tod des Herodes-Nachkommen wurde sein Gebiet wieder der römischen Verwaltung unterstellt. Die Statthalter wechselten rasch. Vielen von ihnen kam es weniger auf eine sorgfältige und unbestechliche Verwaltung als vielmehr auf persönliche Bereicherung an. Daher wuchs die gereizte Stimmung im Volk immer mehr. Die wichtigste Gruppe der Romgegner, die Zeloten, radikalisierte sich immer stärker. Sie träumte von einer nationalen Erneuerung, etwa im Sinn des davidischen Großreichs. Ihre Denkweise war nicht nur politisch, sondern auch religiös bestimmt: In der Tradition der Makkabäer wollte man das Heil für das Volk Gottes erkämpfen und hoffte auf seine Hilfe.

Schließlich gab es immer mehr blutige Konflikte. Die Römer betrauten den Feldherrn Vespasian mit der Gegenwehr. Er besetzte den größten Teil des Gebietes und brachte den Aufständischen zahlreiche Niederlagen bei. Auch unter den Juden selbst kam es zu Auseinandersetzungen: Gemäßigtere Kreise wurden als Verräter diffamiert, die Führer der Extremistengruppen zerstritten sich.

Eine Unterbrechung ergab sich dadurch, daß der römische Kaiser gestürzt wurde und Vespasian nach einigem Hin und Her das Kaisertum erringen konnte. Sein Sohn Titus führte den Kampf gegen Jerusalem fort. Im Jahre 70 nach Christus eroberte er Jerusalem. Gegen seinen Willen ging der Tempel in Flammen auf. Der Kampf um die Stadt war hart und grausam gewesen; in ihr wüteten Hunger und Seuchen. Beim Triumphzug in Rom führte Titus auch Teile aus dem Tempelschatz mit durch Rom — der römische Titusbogen stellt das dar. Einige Jahre später wurde Titus selbst Kaiser und Nachfolger seines Vaters.

Die Entscheidung war nun gefallen; nur einzelne Orte wurden noch umkämpft. Am längsten hielt sich Masada. Gegen diese steile Felsenburg mußten alle Mittel der römischen Belagerungstechnik eingesetzt werden. Vor der Eroberung begingen ihre jüdischen Verteidiger Selbstmord.

Die Führung des Judentums ging nun endgültig vom Priestertum an das Rabbinat über, also vom Stamm Levi auf Gelehrte verschiedener Stämme. In Jamnia, mehrere Kilometer südlich von Tel Aviv, bildete sich ein „oberster Rat“. Der Umfang des Alten Testaments wurde hier verbindlich festgelegt. In das tägliche Gebet nahm man auch eine Bitte gegen die Ausbreitung der Christen auf.

Die Christen, die in Jerusalem lebten, hatten vor dem Untergang der Stadt Jerusalem verlassen. Sie wurden von diesen militärischen Ereignissen also nicht berührt. Auf religiösem Gebiet verstärkte der Fall Jerusalems ihre längst eingeleitete Distanzierung vom Judentum.

Im Judentum war die Hoffnung trotz aller Aussichtslosigkeit noch nicht restlos geschwunden. Vermutlich im Jahre 135 nach Christus kam es unter Simon bar Kochba zu einem Aufstand gegen die Römer. Er konnte leicht niedergeschlagen werden. Die Römer verboten den Juden das Betreten Jerusalems unter Todesstrafe. Die neuen Ansiedler nannten das unbedeutende Städtchen Aelia Capitolina; auf dem Tempelplatz gab es einen Jupitertempel; ein Standbild des Kaisers Hadrian wurde errichtet.

Abkürzungen der biblischen Bücher

I. Altes Testament

Gen	Genesis (= das 1. Buch Mose)
Ex	Exodus (= das 2. Buch Mose)
Lev	Levitikus (= das 3. Buch Mose)
Num	Numeri (= das 4. Buch Mose)
Dtn	Deuteronomium (= das 5. Buch Mose)
Jos	Das Buch Josua
Ri	Das Buch der Richter
Rut	Das Buch Rut
1 Sam	Das 1. Buch Samuel
2 Sam	Das 2. Buch Samuel
1 Kön	Das 1. Buch der Könige
2 Kön	Das 2. Buch der Könige
1 Chr	Das 1. Buch der Chronik
2 Chr	Das 2. Buch der Chronik
Esr	Das Buch Esra
Neh	Das Buch Nehemia
Tob	Das Buch Tobias
Jdt	Das Buch Judit
Est	Das Buch Ester
1 Makk	Das 1. Buch der Makkabäer
2 Makk	Das 2. Buch der Makkabäer

Ijob	Das Buch Ijob (= Job = Hiob)
Ps	Die Psalmen
Spr	Das Buch der Sprichwörter (= Die Sprüche Salomos)
Koh	Kohelet (= Der Prediger Salomo)
Hld	Das Hohelied (= Das Hohelied Salomos)
Weish	Das Buch der Weisheit (= Die Weisheit Salomos)
Sir	Das Buch Jesus Sirach

Jes	Das Buch Jesaja
Jer	Das Buch Jeremia
Klgl	Die Klagelieder des Jeremia
Bar	Das Buch Baruch
Ez	Das Buch Ezechiel (= Hesekiel)
Dan	Das Buch Daniel
Hos	Das Buch Hosea
Joel	Das Buch Joel
Am	Das Buch Amos
Obd	Das Buch Obadja
Jon	Das Buch Jona
Mich	Das Buch Micha
Nah	Das Buch Nahum
Hab	Das Buch Habakuk
Zef	Das Buch Zefanja
Hag	Das Buch Haggai
Sach	Das Buch Sacharja
Mal	Das Buch Maleachi

II. Neues Testament

Mt	Das Evangelium nach Mattäus
Mk	Das Evangelium nach Markus
Lk	Das Evangelium nach Lukas
Joh	Das Evangelium nach Johannes
Apg	Die Apostelgeschichte
Röm	Der Brief an die Römer
1 Kor	Der 1. Brief an die Korinther
2 Kor	Der 2. Brief an die Korinther
Gal	Der Brief an die Galater
Eph	Der Brief an die Epheser
Phil	Der Brief an die Philipper
Kol	Der Brief an die Kolosser
1 Thess	Der 1. Brief an die Thessalonicher
2 Thess	Der 2. Brief an die Thessalonicher
1 Tim	Der 1. Brief an Timotheus

2 Tim	Der 2. Brief an Timotheus
Tit	Der Brief an Titus
Phlm	Der Brief an Philemon
Hebr	Der Brief an die Hebräer
Jak	Der Brief des Jakobus
1 Petr	Der 1. Brief des Petrus
2 Petr	Der 2. Brief des Petrus
1 Joh	Der 1. Brief des Johannes
2 Joh	Der 2. Brief des Johannes
3 Joh	Der 3. Brief des Johannes
Jud	Der Brief des Judas
Offb	Die Offenbarung des Johannes

Verzeichnis der Namen für biblische Masse, Gewichte und Münzen

Wir berechnen heute Maße, Gewichte und Münzen nach mathematisch festgelegten Einheiten. In der Frühzeit stützte man sich nicht auf Zahlen. Die vereinbarten Festlegungen hatten ihren Vergleichswert in der konkreten Erfahrung (z. B. Längenmaße an Arm und Hand gemessen). Man kann daher nicht den Gegenwert genau bestimmen, vielmehr nur die Größenordnung angeben.

I. Hohlmaße

Name	Verhältniszahl/ Stellenangabe	Größe
Bat	Ez 45,11 / Lk 16,6	= ca. 40 l
Drittel	1/3 Efa Jes 40,12	= ca. 13 l
Efa	Ez 45,11	= ca. 40 l
Gomer	1/10 Efa Ex 16,16-36	= ca. 4 l
Hin	1/6 Efa Ez 45,24	= ca. 6,5 l
Hómer	10 Efa Lev 27,16	= ca. 400 l
Kab	1/18 Efa 2 Kön 6,25	= ca. 2,2 l
Kor	10 Bat Ez 45,14 / Lk 16,7	= ca. 400 l
Letech	5 Efa Hos 3,2	= ca. 200 l
Log	1/72 Bat Lev 14,10-24	= ca. 0,5 l
Metrete	1 Bat Joh 2,6	= ca. 40 l

Name	Verhältniszahl/ Stellenangabe	Größe
Sea	1/3 Efa	= ca. 13 l
	1 Sam 25,18 / Mt 13,33	
Zehntel	1/10 Efa	= ca. 4 l
	Ex 29,40	

II. Längenmaße

Name	Verhältniszahl/ Stellenangabe	Größe
Elle		= ca. 46 cm
	Gen 6,15 / Mt 6, 27	
Faden	1/100 Stadion	= 1,85 m
	Apg 27,28	
Finger	1/24 Elle	= ca. 1,9 cm
	Jer 52,21	
Fuß	1/600 Stadion	= ca. 0,308 m
	Apg 7,5	
Handbreite	1/6 Elle	= ca. 7,6 cm
	Ex 25,25; 37,12	
eine Hand lang	2/3 Elle	= ca. 30 cm
	Ri 3,16	
Meile	8 Stadien	= 1480 m
	Mt 5,41	
Rute	6 Ellen	= ca. 3 m
	Ez 40,5-8	
Schritt	1/200 Stadion	= ca. 0,925 m
	1 Sam 20,3 / 2 Sam 6,13	
Spanne	1/2 Elle	= ca. 23 cm
	Ex 28,16	
Stadion/Stadien		= 185—200 m
	Lk 24,13 / Joh 6,19	

Name	Verhältniszahl/ Stellenangabe	Größe

III. Gewichte

Name	Verhältniszahl/ Stellenangabe	Größe
Gera	1/20 Schekel	= ca. 0,6 g
	Lev 27,25	
Halbschekel		= ca. 6 g
	Gen 24,22 / Ex 38,26	
Kesita	Wert unbekannt	
	Gen 33,19	
Mine	60 Schekel	= ca. 685 g
	Ez 45,12 / Lk 19,13-25	
Pfund		= ca. 320 g
	Joh 12,3; 19,39	
Pim	2/3 Schekel	= ca. 8 g
	1 Sam 13,21	
Schekel		= ca. 11,5 g
	Ex 38,24	
Silberschekel		
	Lev 27,3	
Talent	3600 Schekel	= ca. 41 126 g
	Ex 38,35 / Mt 18,24	
Viertelschekel		= ca. 3 g

IV. Münzen

Name	Verhältniszahl/ Stellenangabe	Größe
As	1/16 Denar	
	Mt 10,29 / Lk 12,6	
Denar	1 Drachme	
	Mt 18,28	
Doppeldrachme		
	Mt 17,24	
Drachme		
	Lk 15,8.9	
Golddarike	20 Drachmen	
	1 Chr 29,7 / Esr 8,27	
(Heller)	1/144 Drachme	

Name	Verhältniszahl/ Stellenangabe	Größe
Lepton	1/144 Drachme	
	Lk 12,59; 21,2	
Quadrans	1/4 As	
	Mt 5,26	
Statér = Tetra-drachme	4 Drachmen	
	Mt 17,27	
Viererdrachme	= Tetradrachme	
	= 4 Drachmen	

Erstellt nach: Ökumenisches Verzeichnis der biblischen Eigennamen nach den Loccumer Richtlinien. Katholische Bibelanstalt, Württembergische Bibelanstalt, Stuttgart 1971.

KARTEN

Abb. 1: Palästina: vor- und frühgeschichtliche Stätten

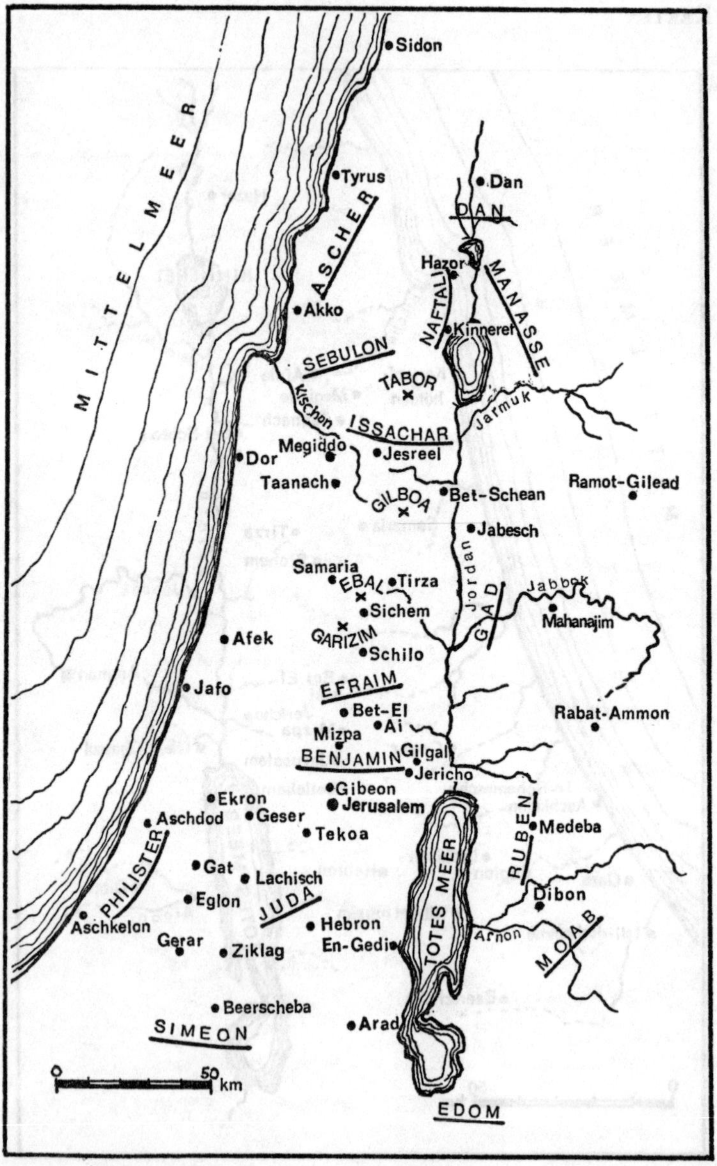

Abb. 2: Siedlungsgebiete der Stämme Israels

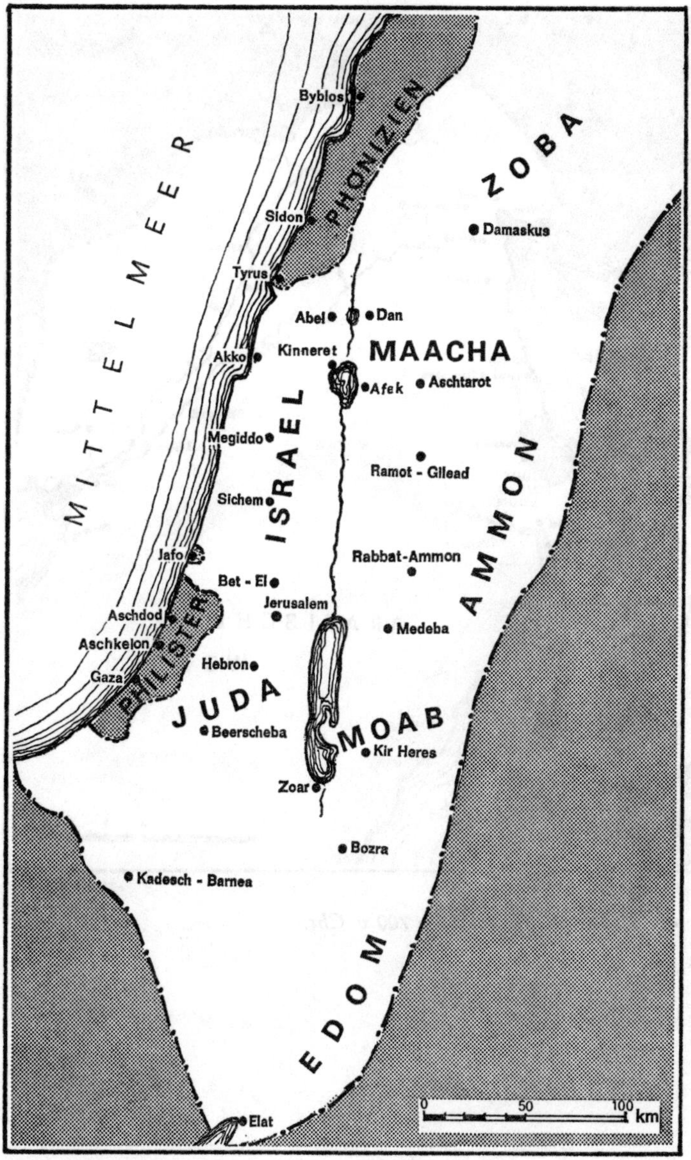

Abb. 3: Das Reich Davids

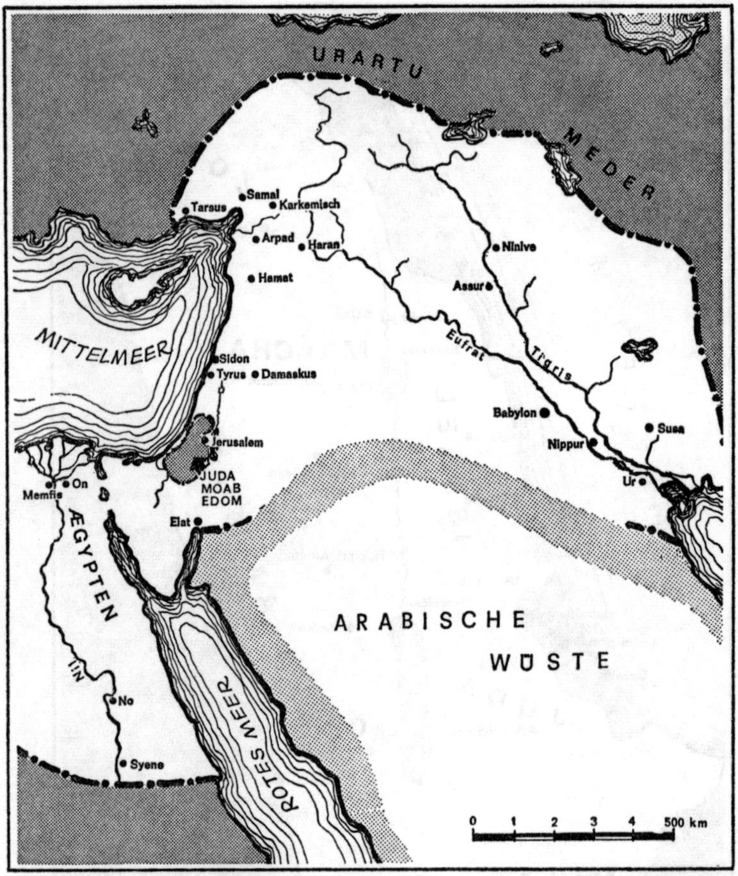

Abb. 4: Das assyrische Reich um 700 v. Chr.

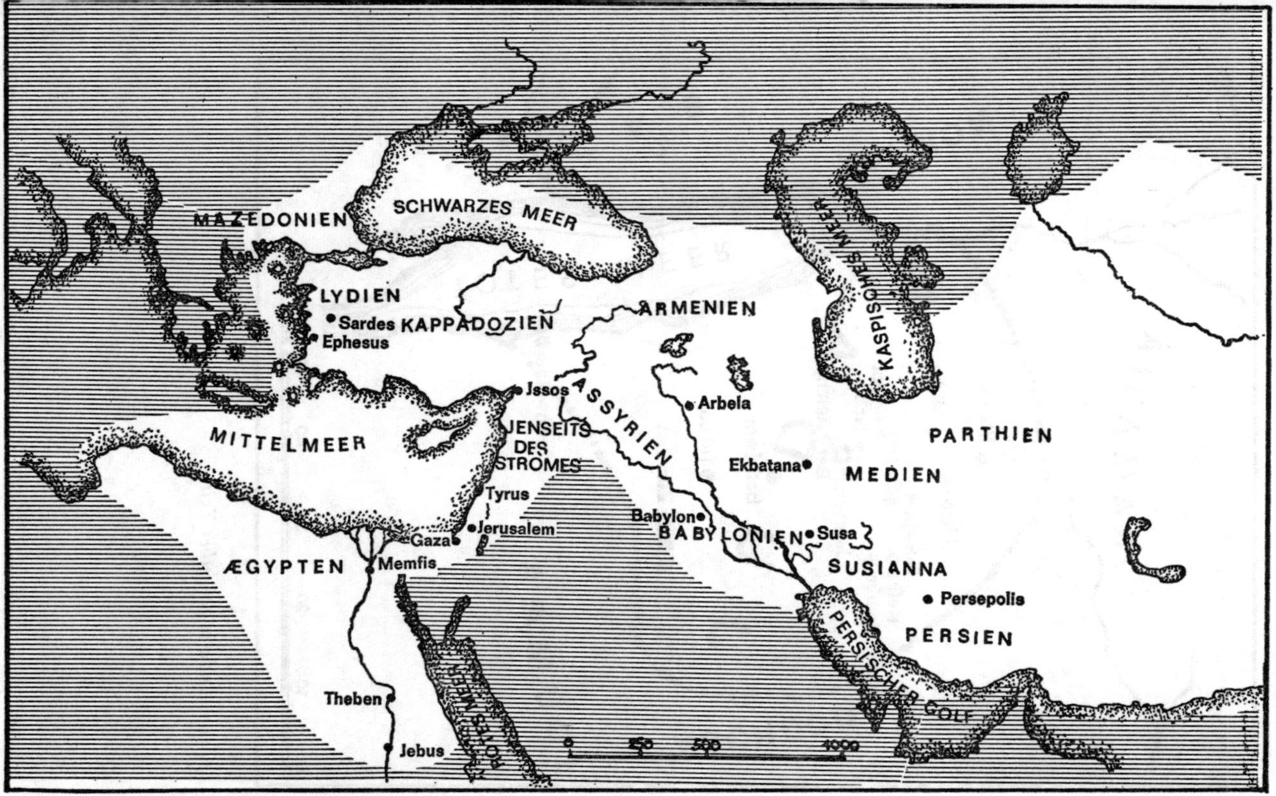

Abb. 5: Das persische Reich

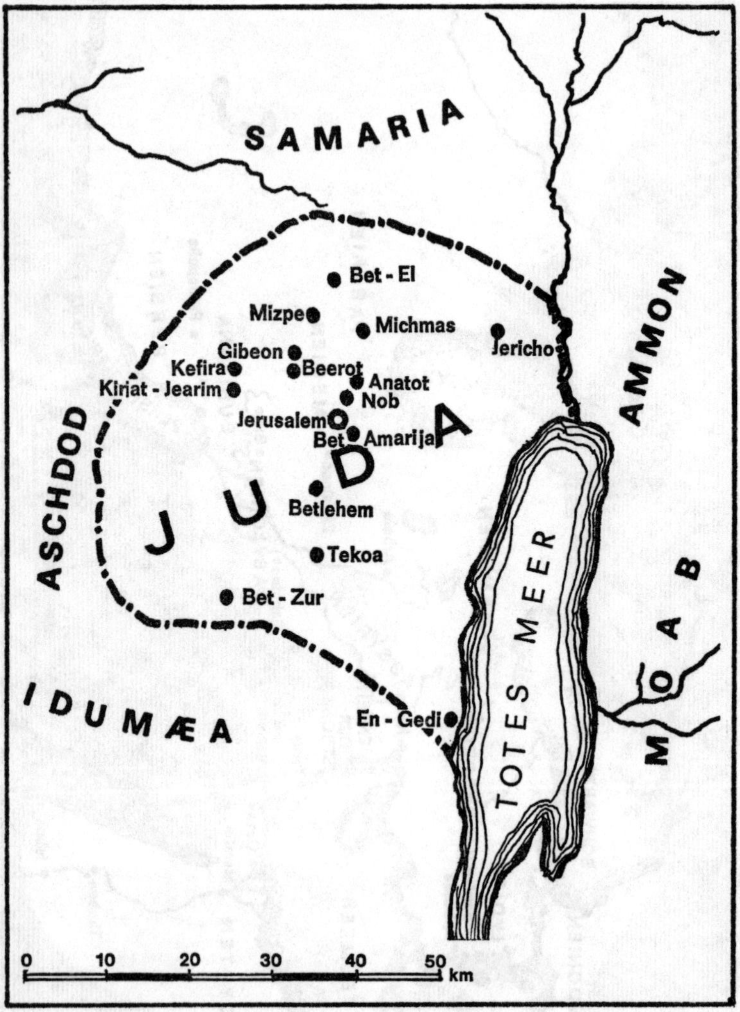

Abb. 6: Juda in persischer Zeit

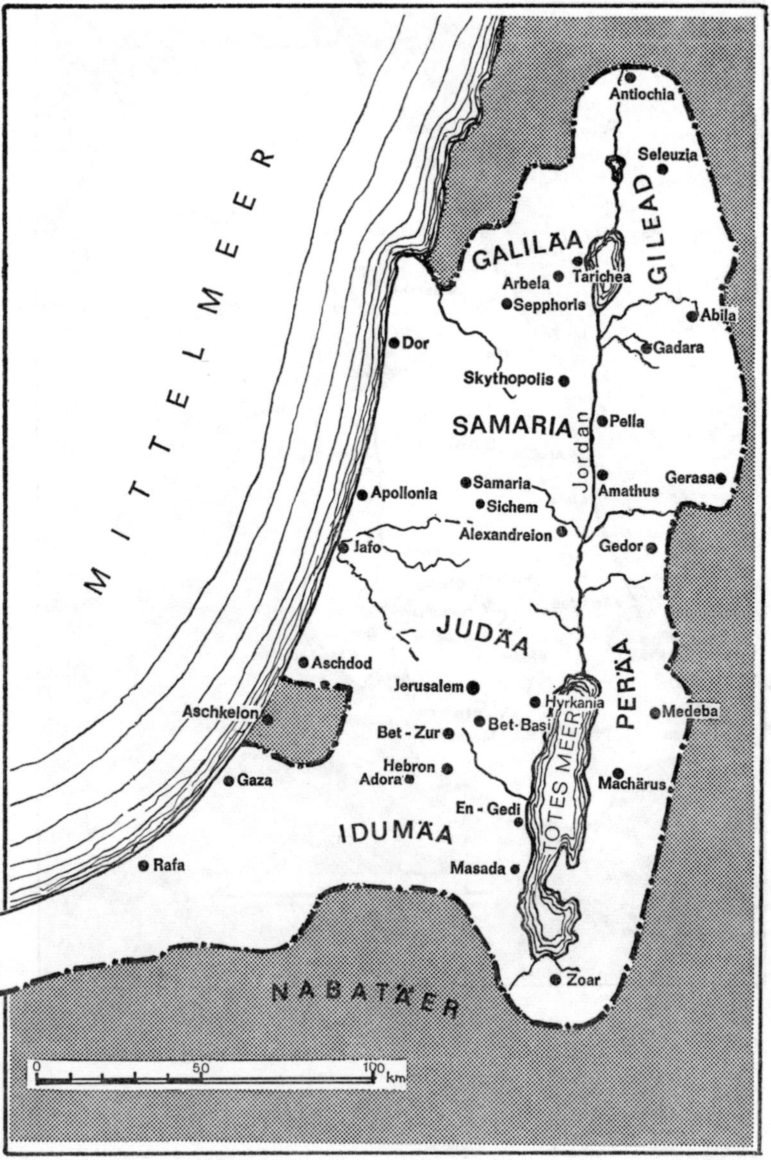

Abb. 7: Der jüdische Staat in der Makkabäer-Zeit

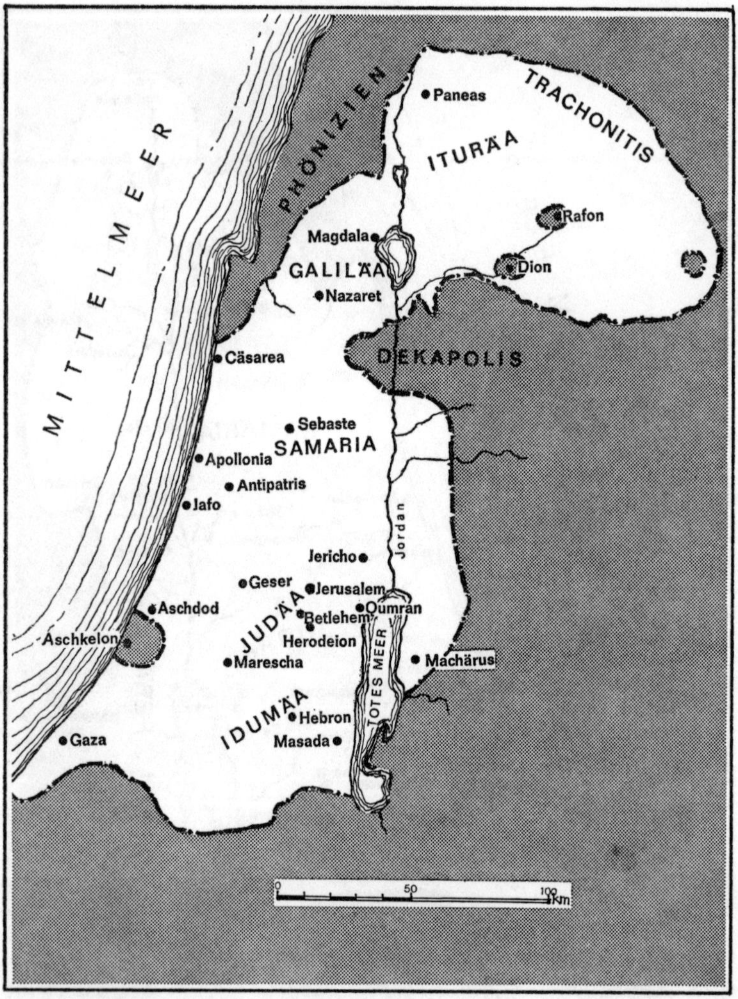

Abb. 8: Das Königreich Herodes des Großen